高等职业教育电子商务专业系列教材

新媒体运营

主 编　曹　琳　夏　爽

参　编　刘丽丽　邵家珺　吴　越

　　　　胡　玲　宋春燕　陈　璠

机械工业出版社

本书从新媒体运营的角度出发，首先介绍了新媒体和新媒体运营的基础知识、新媒体运营技巧，其次对图文类、视频类、直播类、社群类新媒体运营途径展开讲解，最后对新媒体运营数据分析进行了介绍。本书全面覆盖了新媒体运营的各项内容，帮助相关从业人员掌握新媒体运营的方法。

本书可作为高等职业院校电子商务专业以及其他财经商贸类专业（市场营销、国际商务、农村电子商务、商务数据分析与应用、跨境电子商务等专业）的教学用书，也可以作为新媒体相关从业人员的参考用书。

本书配有丰富的教学资源，包括 PPT 课件、电子教案等。针对书中重点、难点知识及拓展知识，还配有二维码，读者使用手机扫码即可查看相关内容并学习。

图书在版编目（CIP）数据

新媒体运营 / 曹琳，夏爽主编. -- 北京：机械工业出版社，2024. 10. --（高等职业教育电子商务专业系列教材）. -- ISBN 978-7-111-76672-8

Ⅰ. G206.2

中国国家版本馆CIP数据核字第2024R9K240号

机械工业出版社（北京市百万庄大街 22 号　邮政编码 100037）
策划编辑：李绍坤　　　　　责任编辑：李绍坤
责任校对：韩佳欣　李　婷　封面设计：鞠　杨
责任印制：常天培
固安县铭成印刷有限公司印刷
2025 年 1 月第 1 版第 1 次印刷
184mm×260mm · 12.25 印张 · 290 千字
标准书号：ISBN 978-7-111-76672-8
定价：39.00 元

电话服务　　　　　　　　网络服务
客服电话：010-88361066　机 工 官 网：www.cmpbook.com
　　　　　010-88379833　机 工 官 博：weibo.com/cmp1952
　　　　　010-68326294　金 书 网：www.golden-book.com
封底无防伪标均为盗版　机工教育服务网：www.cmpedu.com

前　言

随着互联网与信息技术的快速发展，一大批新媒体平台出现，为企业提供了更为广阔的运营空间，新媒体运营人员需要掌握新媒体运营主要工作中的技巧与方法。本书围绕图文类、视频类、直播类、社群类等新媒体运营活动，着重介绍了新媒体具体的运营流程及技巧，帮助新媒体运营人员解决实际工作中的问题，并在一定程度上为相关人员提高职业素养提供了帮助。本书结构清晰，通俗易懂，主要内容包括认识新媒体运营、新媒体运营技巧、图文类新媒体运营、视频类新媒体运营、直播类新媒体运营、社群类新媒体运营以及新媒体运营数据分析。

本书的主要特色如下：

1. 学用结合，服务专业

本书采纳了新媒体产业新技术、新规范等内容，结合新媒体运营岗位标准与技能要求，采用项目任务式结构，充分结合新媒体运营的理论知识与实际操作。各部分知识相对独立完整，同时又紧密结合了专业需求，这不仅符合不同专业人才培养的要求，还扩大了本书的使用范围。同时，本书内容前后联系紧密，让读者温故知新，增强了综合性和灵活性。

2. 目标明确，技术先进

在内容的选取上，本书以提高学生新媒体运营活动实施能力，充分满足从事新媒体运营相关工作应具有的基础知识及应用技能需求为出发点。同时，本书充分体现了"富媒体智能型"的特色，充分运用先进的教学手段，在各项目中包含了典型案例、相关知识拓展等内容，学生通过扫描书中的二维码即可获取相关知识。

3. 案例丰富，润物无声

本书结合电子商务专业的特点和内容，通过"素养小课堂"及案例等形式，潜移默化地融入了中华优秀传统文化等内容，弘扬爱国主义精神和工匠精神，培养学生树立诚信意识、安全意识、节约意识，以及爱岗敬业、精益求精、开拓创新的职业信念，达到如盐入水、润物无声的效果。

本书由曹琳、夏爽担任主编，刘丽丽、邵家珺、吴越、胡玲、宋春燕、陈璠参加编写。具体分工如下：江苏省南通中等专业学校曹琳负责统稿、校对；江苏省南通中等专业学校夏爽编写项目 1 和校对；江苏省启东中等专业学校刘丽丽编写项目 2；江苏省南通中等专业学校邵家珺编写项目 3；江苏省苏州丝绸中等专业学校吴越编写项目 4；江苏省南通中等专业学校胡玲编写项目 5；南京金陵高等职业技术学校宋春燕编写项目 6；江苏省如皋中等专业学校陈璠编写项目 7。

在本书编写过程中得到江苏联合职业技术学院教材编写委员会、电子商务专业建设指导委员会及美邦网络科技南通有限公司、南通暖馨网络科技有限公司的大力支持，他们对本书的编写提出了许多宝贵意见，同时本书参考了许多新媒体运营相关书籍及网络资源，在此一并致以诚挚的谢意！

由于编者水平所限，书中难免存在不当之处，恳请广大读者批评指正并提出宝贵意见。

编　者

二维码索引

目　　录

项目 1

认识新媒体运营

 习目标

知识目标
- 了解新媒体的基本概念及特征；
- 理解新媒体运营的概念及新媒体运营人员必备的基本素质；
- 掌握新媒体平台的类型。

能力目标
- 能分析不同类型新媒体平台各自的优势；
- 能熟练运用新媒体运营常用工具。

素质目标
- 通过项目实践，提升团队协助、团队互助意识；
- 通过项目实践，树立创新意识、创新精神。

知识结构图

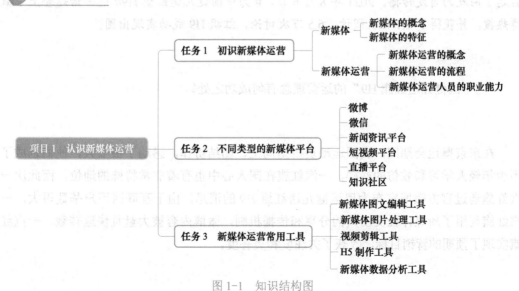

图 1-1　知识结构图

一汽红旗：冬奥荣耀健儿赠车　助力中国体育再启新征程

2021 年 8 月 5 日，在中国奥运健儿在赛场上激战正酣之际，同为国人骄傲的一汽红旗通过官方微博（见图 1-2）豪迈宣布，将送给本届东京奥运会中国体育代表团金牌获得者每人一辆红旗 H9 汽车，不仅如此，银牌、铜牌的获得者均可得到 H9 产品使用权。

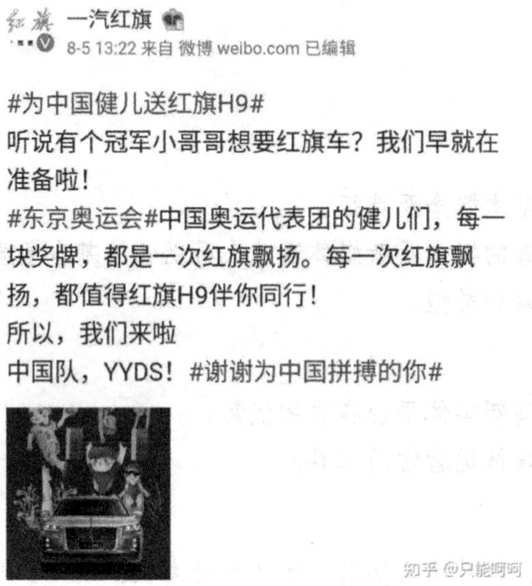

红旗　一汽红旗
8-5 13:22 来自 微博 weibo.com 已编辑

#为中国健儿送红旗H9#
听说有个冠军小哥哥想要红旗车？我们早就在
准备啦！
#东京奥运会#中国奥运代表团的健儿们，每一
块奖牌，都是一次红旗飘扬。每一次红旗飘
扬，都值得红旗H9伴你同行！
所以，我们来啦
中国队，YYDS！#谢谢为中国拼搏的你#

知乎 @只能呵呵

图 1-2　一汽红旗微博界面

一汽红旗为奥运冠军送车的做法不仅收获了关注度，同时也得到了网友的好评，并引起了网友的自发传播。2021 年 8 月 6 日，#为中国健儿送红旗 H9# 这一话题登上了微博热搜，并获得了 1.7 亿次阅读，6.5 万次讨论，红旗 H9 成功实现出圈。

"为中国健儿送红旗 H9" 的运营理念有何成功之处？

在东京奥运会期间，我国运动员拼搏向上、团结协作，感动了很多人，他们也成了不少年轻人学习和效仿的榜样。一汽红旗在国人心中也有着非常特殊的地位，而此次一汽红旗通过官方微博宣布为奥运健儿送红旗 H9 的消息，由于互联网用户基数很大，一汽红旗利用了新媒体社交工具的分享和传播机制，微博内容被大量且快速转载。一汽红旗实现了预期的营销目标，收获了关注度和美誉度。

任务1 初识新媒体运营

 **任务描述**

新媒体的兴起不仅改变了传统媒体的经营模式和内容格局，也将人们带入了数字化时代，并深深地影响了人们的日常生活。新媒体为企业提供了更多的营销渠道和方案，可以帮助企业快速建立品牌优势，增强运营效果。越来越多的企业加入了新媒体运营的队伍，许多传统企业通过新媒体进一步提升了品牌知名度，增加了忠实粉丝数量；在新媒体环境下诞生的新企业打响了品牌知名度，树立了品牌形象。新媒体运营人员要想实现企业和品牌的建设与推广，首先要熟悉新媒体。本任务将对新媒体概念与新媒体运营的概念、流程、策略及运用人员的职业能力等进行介绍，帮助新媒体运营人员全方位认识新媒体。

 知识准备

新媒体是相对于传统媒体而言的，在新的技术支撑体系下出现的新媒体形态，如网络媒体、移动端媒体、数字电视、数字报刊等。新媒体运营则是通过现代化移动互联网手段，如微信、微博等新媒体平台对品牌进行营销、宣传、推广等的一系列运营活动。下面对新媒体和新媒体运营的概念等进行介绍。

新媒体与传统
媒体的区别

（一）新媒体

1. 新媒体的概念

对于新媒体的概念，可以从狭义和广义两个方面来理解。

1）狭义的新媒体是指与报纸、广播、电视等传统媒体不同的一种新的媒体形态，包括互联网媒体、移动互联网媒体、数字电视、微博、微信等形态。

2）广义的新媒体是指在各种数字技术与互联网技术的支持下，以互联网、宽带局域网和无线通信网等为渠道，利用计算机、手机和数字电视等各种网络终端，向用户提供信息和娱乐服务的传播形态，具有媒体形态数字化的特点。

2. 新媒体的特征

在新媒体迅速发展的当下，信息在传播过程、方式、效率等方面都发生了改变。与传统媒体相比，新媒体具有较为典型的特征，下面分别进行介绍。

1）传播方式双向化。在传统媒体时代，信息传播者单方面发出信息，用户只能被动接受；在新媒体时代，信息传播者和用户之间的界限变得模糊，用户既可以是信息的接收者也可以是信息的传播者，信息的互动传播可以更自由地进行，加快了信息的传播速度。

2）接收方式移动化。随着移动互联网的快速发展，在移动端的应用成为新媒体发展的主要方向，各种移动运营方式层出不穷，人们可以不受场地和距离的限制随时接收信息，移动化特征很明显。

3）传播行为个性化。在当前的新媒体环境下，用户作为信息的传播者，可以通过互联网自由发布信息和观点，也可以评论或转载他人发布的信息，其传播信息的内容和行为与用户的个人喜好密切相关，具有典型的个性化特征。

4）传播速度实时化。与传统媒体相比，新媒体信息的传播速度非常快，新媒体运营人员可以实时发布信息，并且在短时间内将信息传播到全球各地，其信息传播与更新速度可以按秒计算。

5）运营内容丰富化。在数字技术与网络技术的支持下，新媒体运营的内容更加丰富和多元化，内容的表现形式也更加多样化，例如可以将文字、图片、音频、视频等元素融为一体。

✍ 知识小测试

1.（单选题）下列不属于新媒体的是（　　　　）。

A. 微信　　　　　　　　　　B. 网易邮箱

C. 楼宇广告　　　　　　　　D. 网络电视

2.（多选题）下列属于新媒体特征的有（　　　　）。

A. 个性化　　　　　　　　　B. 移动化

C. 交互性　　　　　　　　　D. 丰富化

（二）新媒体运营

1. 新媒体运营的概念

所谓运营，其实是围绕商品管理展开的一系列计划、组织、实施和控制的活动，是与产品生产和服务密切相关的各项管理工作的总称。通俗地说，运营的本质是连接产品和用户，就是将已开发的产品或品牌送达用户，让用户持续使用产品，保持其生命力。而新媒体运营是指利用现代化互联网技术，通过微信、微博、贴吧等新媒体平台或工具进行产品宣传、营销和推广的一系列运营手段。要想更好地理解新媒体运营，新媒体运营人员可以从以下三个角度入手，见表1-1。

表1-1　从不同角度理解新媒体运营

角度	具体内容
战略角度	对于企业产品或服务来说，新媒体运营是一个整体，对内衔接产品，实现产品研发与推广；对外衔接目标用户，实现挖掘用户需求、提升用户体验等，实现企业精细化管理
职能角度	新媒体运营是指利用新媒体工具对企业的产品运营、用户运营、内容运营及活动运营这四大运营模块进行统筹和运作
操作角度	新媒体运营是基于新媒体平台或工具的具体工作，是一个基于运营数据不断优化改进的过程

请同学们思考并讨论新媒体运营和新媒体营销有哪些联系和区别。

简说新媒体运营

2. 新媒体运营的流程

在新媒体运营中，流程的规范化和标准化是非常必要的。按照工作职能，新媒体运营一般划分为策划和战略思考、数据分析与合作、日常内容生产、运营活动策划、社群组织与运营等阶段。每个阶段的工作流程如图 1-3 所示。

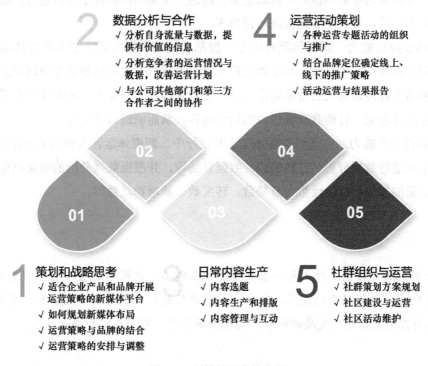

図中文字：

2 数据分析与合作
✓ 分析自身流量与数据，提供有价值的信息
✓ 分析竞争者的运营情况与数据，改善运营计划
✓ 与公司其他部门和第三方合作者之间的协作

4 运营活动策划
✓ 各种运营专题活动的组织与推广
✓ 结合品牌定位确定线上、线下的推广策略
✓ 活动运营与结果报告

1 策划和战略思考
✓ 适合企业产品和品牌开展运营策略的新媒体平台
✓ 如何规划新媒体布局
✓ 运营策略与品牌的结合
✓ 运营策略的安排与调整

3 日常内容生产
✓ 内容选题
✓ 内容生产和排版
✓ 内容管理与互动

5 社群组织与运营
✓ 社群策划方案规划
✓ 社区建设与运营
✓ 社区活动维护

图 1-3　新媒体运营的流程

3. 新媒体运营人员的职业能力

随着越来越多的企业涉足新媒体领域，企业设置新媒体运营岗位的现象也越来越普遍。目前，企业对新媒体运营人员的需求正呈现爆发型增长态势，新媒体运营也成为一种热门职业。新媒体更新迭代快，相关的知识内容也不断变化，这就对新媒体运营人员提出了较高的综合能力要求。新媒体运营人员的基本职业能力主要包括以下几个方面。

（1）产品理解能力　产品是运营的基础，新媒体运营人员要熟悉产品，能清晰地进行产品定位，分析产品最吸引用户的点在哪里，找到用户的行为模式和特点，针对不同类型用户的需求进行针对性运营，从而最大限度地激发用户的购买欲望和传播欲望。

（2）策划能力　新媒体运营人员需要具备良好的策划能力，包括对市场趋势的敏感度、对用户需求的洞察力及对品牌定位的准确把握等，新媒体运营人员需要不断实践，积累经验，不断提高自己的策划能力，保证运营计划顺利开展。

（3）内容创作能力　新媒体运营需要根据不同平台的特点和用户需求，进行有针对性的内容创作。文字表达是内容输出的基础，没有良好的文案写作能力，新媒体运营人员就难以写出打动用户的内容。文案写得再好，如果排版不美观，可能也难以吸引用户。因此，新媒体运营人员还要具备一定的摄影和图片处理能力，能够制作出高质量的图片或视频等内容。

（4）资源整合能力　渠道资源是新媒体运营的重要组成部分，新媒体运营人员要了解企业已有的传播渠道和营销模式，借助更多资源的力量推动新媒体工作的进行，选择最有利于企业的运营方式，最大限度地提高运营效率。

（5）热点捕捉能力　新媒体项目运作一般都呈短期、爆发式，那么新媒体运营人员的热点捕捉能力就变得极为重要。新媒体运营人员必须随时关注网络热点并及时跟进报道。这种能力能够给新媒体运营人员带来创作灵感，使其更好地把握先机，将企业产品或品牌理念与网络热点结合起来，打造具有吸引力的运营内容，从而制造运营优势。

（6）数据分析能力　在开展新媒体运营的过程中，新媒体运营人员需要使用 Excel 或其他专业的工具进行数据分析、过程监控、数据总结等，并根据数据分析的结果制定或调整运营策略，这里的数据包括阅读数、点赞数、转发数、新增粉丝数等。

素养小课堂

　　每个岗位都有相关工作人员应当具备的职业能力，新媒体运营人员应当努力提升自己的职业能力。随着社会的发展，新媒体运营岗位的职业能力要求也在发生变化，新媒体运营人员应当紧跟时代发展的脚步，明确市场需要，不断充实和提升自己。

任务实施

1. 搜索新媒体并查看其发展状态

在搜索引擎中搜索与新媒体相关的内容，了解新媒体的概念、特征并查看其现状与发展趋势。

任务步骤 ◎

步骤 1：在百度首页的搜索文本框中输入关键词"新媒体"，按 <Enter> 键查看搜索结果，如图 1-4 所示。单击各搜索结果查看与新媒体有关的信息并进行归纳。

步骤 2：在百度首页的搜索文本框中输入关键词"新媒体特征"，查看搜索结果并进行信息归纳。

图 1-4　"新媒体"搜索结果

步骤 3：将前两个步骤归纳的信息填写在表 1-2 中。

表 1-2　搜索新媒体及其发展趋势

新媒体概念	新媒体特征	现状与发展趋势

2. 了解新媒体运营岗位

通过搜索引擎了解新媒体运营，掌握胜任新媒体运营岗位需要具备的基本能力。

任务步骤 ⊙

　　步骤 1：在百度首页中输入"新媒体运营"，查看并了解相关信息。

　　步骤 2：在招聘网站中搜索"新媒体运营"，查看搜索结果中对该岗位职责的描述，以及任职要求。图 1-5 所示为某企业对新媒体运营的岗位职责要求。

　　步骤 3：围绕"新媒体运营"展开搜索，搜集并总结新媒体运营岗位所需具备的能力，填写在表 1-3 中。

职位信息

岗位职责

1. 负责自媒体（抖音、快手）、微信公众账号和微信社群的日常运营及维护工作，为公司整体品牌传播和营销服务；
2. 制定并实施清晰的用户互动策略，增加粉丝数量、粉丝活跃度和忠诚度；
3. 跟进公司需求，策划并执行微媒体热门话题营销；
4. 跟踪微信推广效果，分析数据并反馈，总结经验，建立有效运营手段，提升用户活跃度，增加粉丝数量；
5. 负责与公司官网、网店、线下活动等配合；
6. 与外部有价值的平台或资源寻求合作，聚集人气，扩大品牌影响力。

任职资格

1. 专科以上学历，性别不限，年龄20—35岁，3年以上相关工作经验；
2. 市场营销、广告、电子商务、新闻、中文等专业优先；
3. 热爱新媒体行业和自媒体运营，对微信、微博、互联网等平台较为熟悉；
4. 对移动互联网发展和时下热点高度关注，思维活跃、有创意，有较强的文字编辑能力；
5. 有独立策划、实施新媒体活动的能力；
6. 积极主动，责任心强，有良好的团队意识；
7. 能服从领导安排，及时完成领导交给的工作。

图 1-5 某企业对新媒体运营的岗位职责要求

表 1-3 新媒体运营岗位职业能力表

项目	具体内容
新媒体运营人才应具备的能力	
新媒体运营岗位及要求	

 任务考核

同学们完成任务实训后，教师根据表1-2和表1-3填写的情况为同学们打分并点评，相关内容填写在表1-4中。

表 1-4 任务考核表

序号	考核内容	分值	教师打分	教师点评
1	是否搜索到新媒体概念及其特征的相关有用信息	20		
2	是否对新媒体现状、发展趋势有所了解	20		
3	是否了解新媒体运营人员需要具备哪些能力	30		
4	是否能列举新媒体运营岗位的职责要求	30		

任务 2　不同类型的新媒体平台

任务描述

新媒体平台为企业运营、推广提供了广阔的空间，同时也涌现出很多运营平台，这些平台都有各自的特点和大量用户，新媒体运营人员应该结合平台特点选择最适合企业自身的运营平台并做好定位。本任务将对目前主流的新媒体平台进行介绍，帮助新媒体运营人员了解平台特点。

知识准备

随着"互联网 +"时代的到来，各种新媒体平台层出不穷。下面介绍几种主流的新媒体平台。

（一）微博

微博是目前较为流行的一种新媒体平台，是一款即时信息传播平台，在信息传播和分享的过程中，可以让用户快速准确地获取到有价值的内容。在微博平台上，用户既可以浏览自己感兴趣的信息，也可以发布内容供其他用户浏览。微博蜘蛛网式的传播方式更为企业营销活动提供了丰富的平台和渠道。

微博具有开放性、时效性等特点，且其可作为年轻人聚集地和高密度的圈层兴趣场所，企业可以利用微博发布关于企业的各类信息，加强消费者对品牌的了解，也可以在微博上与用户积极互动来提升用户与品牌的亲密度和对品牌的忠诚度。

（二）微信

微信是基于智能移动设备而产生的主流即时通信软件，支持单人、多人的实时沟通。用户通过微信可以发送语音、图片、视频文字和各种文件，多样的功能使其远远超越了社交媒体交流平台的定义，从免费的短信、语音、视频聊天等，到微信朋友圈、微信群、微信公众号、小程序等功能，微信为用户创造了多样的信息传播渠道，为用户带来了全方位、高品质的服务体验。其中，微信朋友圈较为私密，在不添加好友的情况下，无法完整查看他人的朋友圈信息；微信公众号更为开放，在用户订阅微信公众号的情况下，新媒体运营人员可以通过微信公众号向用户推送消息，如品牌宣传、产品销售、用户调研与服务等信息。微信公众号主界面示例如图 1-6 所示。

（三）新闻资讯平台

新闻资讯平台是指以今日头条、腾讯新闻、网易新闻、搜狐新闻等为首的新闻类平台，这些平台整合新闻资讯，向用户提供个性化信息阅读服务。

图 1-6 微信公众号主界面示例

今日头条作为一款新闻资讯类新媒体平台，它基于大数据算法的推荐引擎技术，通过用户的各项操作对每个用户建立起专属的兴趣图谱，为用户进行个性化的内容推荐，推荐内容不仅包括狭义上的新闻，还包括音乐、电影、游戏、购物等资讯。就新媒体运营而言，今日头条一般以广告的形式进行运营和推广，其发布的广告主要包括开屏广告（打开 APP 后显示的全屏广告）、信息流广告（在推荐、资讯等展示信息界面中显示的广告），以及在内容中植入的软广告等。

（四）短视频平台

随着新媒体行业和移动互联网技术的快速发展，短、平、快的大流量内容传播形式逐渐获得各大平台、粉丝和资本的青睐。短视频作为目前较为流行的内容展现方式，正迅速抢占人们获取信息的入口和碎片化的时间，

短视频分类

无论是在提升用户好感方面，还是在提高内容体验等方面，短视频平台都创造了许多的奇迹，个人和企业都增加了短视频在新媒体运营与推广中的应用力度。用户应用较多的短视频平台主要有以下两种。

1. 抖音

抖音于 2016 年 9 月上线，是一款可以拍摄短视频的音乐创意社交软件。抖音中的内容主要包括潮流音乐、舞蹈、表演等，受众广泛，内容传播迅速，传播范围广。抖音的营销方法是用户通过拍摄短视频或以直播方式分享商品信息，让其他用户更为真实地了解商品，尤其是一些 KOL（Key Opinion Leader，关键意见领袖）凭借自身的影响力能够快速提高其他用户对品牌或商品的信任度，从而有效帮助企业或品牌商通过外部链接或抖音小店等渠道

实现销售转化。之后，抖音又不断调整运营功能及赢利方式，成为引流、推销产品、吸引用户的有力渠道。

2. 快手

快手依靠短视频社区自身的用户和内容，聚焦打造社区文化氛围，依靠社区内容的自发传播，促使用户数量不断增长。快手坚持不对某一特定人群开展运营活动，不对短视频内容进行栏目分类，不对创作者进行级别分类，通过推荐算法打造平等、普惠的社区，具有偏私域流量的属性。根据点击率，新媒体运营人员能够更加准确了解用户对内容的兴趣指向。

（五）直播平台

2016 年，中国网络直播元年到来，网络直播非常火爆，当时的网络直播以泛娱乐化直播平台为主。直播分为很多种类型，如游戏类直播、娱乐类直播、电商类直播、社交类直播、体育类直播、其他专业领域类直播等。不同类型的直播有不用的用户群体。

课堂讨论

同学们了解哪些直播平台？它们属于什么类型？各自具有哪些特点？

（六）知识社区

知识社区是以传播和分享知识为主的平台，部分用户由于对某一主题的共同兴趣和知识获取、交流需求聚集在一起，并通过在网络环境下进行创造和共享相关知识的活动而结成密切互动关系的群体，如知乎、豆瓣、百度文库、简书、果壳等都属于知识社区。

知乎是一个进行社会化问答的社区平台，它营造了严谨、专业、友好、规范的社区氛围，提供了真实的网络问答环境，其优质高效的内容定位不仅可供用户进行知识的分享和探讨，丰富的资源库也让用户寻找问题答案变得更加便捷。

 **任务实施**

登录新媒体运营平台，并查看其特点及运营方式

为了使新媒体运营人员更好地掌握新媒体运营平台的定位，登录不同的新媒体平台，了解各平台运营的内容，掌握不同新媒体运营平台的特点及其运营方式。

任务步骤 ⊙

步骤 1：在百度首页的搜索文本框中输入关键词"新媒体平台"，按 <Enter> 键查看搜索结果。单击搜索结果查看与新媒体平台有关的信息并进行归纳。

步骤 2：分别登录微博和微信平台，分析两者区别及两个平台定位的侧重点，查看搜索结果并进行归纳。

步骤 3：使用相同的方法登录视频和直播平台，分析企业在这些平台上运营时的注意事项，查看搜索结果并进行归纳。

步骤 4：将各步骤归纳的信息填写在表 1-5 中。

表1-5　探索新媒体平台特点及其运营方式

项目	具体内容
新媒体运营平台主要有哪些	
微博和微信的区别是什么？两个平台的定位分别有什么侧重点	
视频和直播平台的特点是什么？企业在这些平台上运营时应注意什么	

 任务考核

同学们完成任务实训后，教师根据表1-5填写的情况为同学们打分并点评，相关内容填写在表1-6中。

表1-6　任务考核表

序号	考核内容	分值	教师打分	教师点评
1	是否搜索到不同类型的新媒体运营平台	20		
2	是否分析出微博和微信的区别及平台定位的侧重点	40		
3	是否分析出视频和直播平台的特点及企业在这些平台上运营时应注意的问题	40		

任务3　新媒体运营常用工具

 任务描述

"工欲善其事，必先利其器"，运营新媒体首先从认识编辑工具开始。脱离编辑工具来谈新媒体运营技巧，没有实质意义。从寻找热点、构思选题到编辑图文内容、制作音频和视频，新媒体运营人员应熟悉每一个环节可以选用的工具，才能做好新媒体运营工作。本任务主要介绍新媒体运营常用工具，帮助运营人员掌握新媒体编辑必备技能。

知识准备

为了更好地完成新媒体运营工作，运营人员经常需要借助一些运营工具提升运营工作的效率，下面介绍几种常用的新媒体运营工具。

（一）新媒体图文编辑工具

在新媒体运营与推广中，文字与图片是内容的核心，而排版是内容呈现不可或缺的一部分，用户除了对内容质量有要求外，对阅读体验也非常看重，常见的新媒体图文编辑工具有 135 编辑器、秀米编辑器等。

1. 135 编辑器

135 编辑器属于第三方工具，可以为新媒体运营人员提供美化微信文章排版与微信公众号内容的编辑功能，其样式丰富、功能菜单强大，提供了各类模板和素材，具有一键配图等自动化功能。135 编辑器不仅可以在线编辑文章，同步至微信公众号后台，而且可以将排版好的图文生成长图发布至微博、知乎、小红书等平台。

2. 秀米编辑器

秀米编辑器是一款基于微信公众平台的图文编辑工具，拥有很多原创模板素材，排版风格多样化、个性化，可以设计出专属风格文章排版。秀米编辑器还内置了秀制作及图文排版两种制作模式，页面模板及组件丰富多样。

课堂讨论

请同学们思考并讨论 135 编辑器与秀米编辑器有何异同？各自的优势是什么？

（二）新媒体图片处理工具

1. 美图秀秀

美图秀秀提供了美化图片、人像美容、添加文字、抠图、拼图、添加贴纸、添加边框等多种图片处理功能，新媒体运营人员可以利用美图秀秀完成简单的图片处理工作。

2. 在线图片设计工具

新媒体运营人员需要经常发布活动海报、课程表、朋友圈配图等图片内容，可以通过在线图片设计工具来完成一些简单的图片设计工作。常见的在线图片设计工具有创客贴、图怪兽等。

创客贴是一款极简的平面设计工具，支持新媒体运营人员在线编辑与设计图片。其包含丰富、可自定义且免费的图片、图标、字体、线条、形状、颜色等素材，新媒体运营人员利用创客贴可以设计出精美的设计图。创客贴还为新媒体运营人员提供了免费的设计模板，包括海报、名片、微信公众号图片、PPT、邀请函等 65 个场景模板。

（三）视频剪辑工具

随着视频类新媒体平台的快速发展，用户对视频内容的需求也在快速增长，新媒体运营人员需要根据实际需求选择不同功能及不同操作难度的视频剪辑工具。

1. 常用的 PC 端视频剪辑工具

常用的 PC 端视频剪辑工具有 Premiere、After Effects、EDIUS、会声会影、爱剪辑等。常用的 PC 端视频剪辑工具的图标如图 1-7 所示。

a）Premiere　　b）After Effects　　c）EDIUS　　d）会声会影　　e）爱剪辑

图 1-7　常用的 PC 端视频剪辑工具的图标

（1）Premiere　Premiere 是由 Adobe 公司开发的一款非线性视频编辑软件，它在影视后期制作、广告制作、电视节目制作等领域有着广泛的应用，同样在网络视频编辑与制作领域也是非常重要的工具。Premiere 具有强大的视频编辑能力，易学且高效，可以充分发挥用户的创造能力和创作自由度。

（2）爱剪辑　爱剪辑是一款简单实用、功能强大的视频剪辑软件，它可以根据用户的需求自由地拼接和剪辑视频，其创新的人性化界面是根据国内用户的使用习惯、功能需求与审美特点进行设计的。爱剪辑支持为视频添加字幕、调色、添加相框等齐全的剪辑功能，具有诸多创新功能和影院级特效。

2. 常用的移动端视频剪辑工具

常用的移动端视频剪辑工具有快剪辑、巧影、剪映、小影、InShot、一闪，它们的图标如图 1-8 所示。

a）快剪辑　　b）巧影　　c）剪映　　d）小影　　e）InShot　　f）一闪

图 1-8　常用的移动端视频剪辑工具的图标

（1）快剪辑　快剪辑是 360 公司旗下的一款功能齐全、操作简单，可以边看边编辑的视频剪辑工具，既有 PC 端也有移动端。快剪辑是抖音、快手、微信朋友圈等平台用户推荐的一款剪辑工具，无论是刚入门的新手，还是视频剪辑专家，快剪辑都能帮助他们快速制作爆款的视频作品。

（2）剪映　剪映是抖音官方推出的一款手机视频编辑应用，它具有强大的视频编辑功能，支持视频变速与倒放，用户可以在视频中添加音频、字幕、贴纸，应用滤镜，并使用美颜等，而且它提供了非常丰富的曲库和贴纸资源等。即使是视频制作的初学者，也能利用这款应用制作出自己满意的视频作品。

（四）H5 制作工具

常用的 H5 制作工具有 MAKA、易企秀、兔展、稿定设计、人人秀、凡科互动等。

1. 易企秀

易企秀是一款营销场景制作工具，也是一个创意营销平台，可提供免费的 H5 微场景、海报、长页、表单、视频、互动游戏、建站、小程序八大制作功能，助力新媒体运营人员高效完成内容创意、传播获客、数据管理、效果转化的自营销闭环，新媒体运营人员可随时随地在 PC 端、移动端制作和展示作品。

2. 兔展

兔展是一个 H5 页面、微场景、模板、短视频、微信邀请函、小游戏的专业制作平台。

兔展的产品体系可以帮助企业解决获客难、一线业务人员管控难、企业自有会员活跃度低、多数据平台无法互通、用户需求洞察难等问题，帮助企业做好营销工作。

（五）新媒体数据分析工具

1. 百度指数

百度指数是以百度海量用户行为数据为基础的数据分析平台，是当前互联网乃至整个数据时代重要的数据分析平台之一。新媒体运营者借助它可以研究关键词搜索趋势、洞察用户兴趣和需求、监测舆情动向、定位用户特征。百度指数界面如图 1-9 所示。

图 1-9　百度指数界面

百度指数能够显示某个关键词在百度中的搜索规模，以及一段时间内该关键词涨跌态势和相关的新闻舆论变化。新媒体运营者关注这些关键词的用户特征，如用户分布在什么地域，用户同时还搜索了哪些相关的关键词等，可以优化数字营销活动方案。

2. 新榜

新榜是一个新媒体私域及公域流量的统计分析工具，以日、周、月、年为周期，发布以微信、抖音等为代表的新媒体或自媒体平台真实、有价值的运营榜单，方便新媒体运营者了解新媒体整体发展情况，为新媒体运营者提供有效的数据服务。新榜界面如图 1-10 所示。

素养小课堂

数据分析既是对单个数据的分析，也是对整体数据的分析。在分析数据时，新媒体运营人员要"瞻前顾后"，发现前后数据之间的联系，把握好整体与部分之间的关系，从全局出发，优化数据运营。

图 1-10　新榜界面

任务实施

1. 撰写微信公众号文章并排版

本任务可以使运营人员更好地利用新媒体运营工具开展营销活动，掌握新媒体图文编辑工具的操作方法。

任务步骤 ⊙

步骤 1：撰写文章标题。可以先撰写多个类型的标题，如提问式标题、直言式标题、警告式标题、对比式标题等，比较分析各类标题，然后选择一个效果较好的标题。

步骤 2：撰写文章正文。先确定文章的写作结构，然后依次撰写正文的开头、中间和结尾部分。

步骤 3：登录 135 编辑器。打开编辑界面，在编辑区复制粘贴文章正文并进行设计与排版。

步骤 4：结合给定的农产品信息，撰写微信公众号文章，使用 135 编辑器排版，并将内容填写在表 1-7 中。

表 1-7　微信公众号文章撰写与排版

项目	具体内容
有吸引力的文章标题	
符合产品特征的正文	

2. 日用品抖音小店短视频制作

通过完成本任务，使运营人员更好地利用新媒体视频运营工具开展营销活动，掌握新媒体视频剪辑工具的操作方法。

任务步骤 ⊙

步骤 1：确定短视频选题。在抖音上搜索"日用品"，然后分析短视频内容，寻找选题，结合产品特性确定选题。

步骤 2：撰写短视频脚本。围绕短视频选题撰写脚本，规划短视频内容，撰写分镜头脚本。

步骤 3：选择拍摄场景，并进行商品短视频拍摄。利用视频剪辑工具制作商品短视频。

步骤 4：将相关内容填写在表 1-8 中。

表 1-8 日用品抖音小店短视频制作

步骤	具体内容
确定短视频选题	
撰写短视频脚本	

 任务考核

同学们完成任务实训后，教师根据表 1-7 和表 1-8 填写的情况为同学们打分并点评，相关内容填写在表 1-9 和表 1-10 中。

表 1-9 任务考核表 1

序号	考核内容	分值	教师打分	教师点评
1	是否撰写出有吸引力的文章标题	20		
2	是否撰写出符合产品特征的正文	40		
3	是否排版出美观的微信公众号文章	40		

表 1-10 任务考核表 2

序号	考核内容	分值	教师打分	教师点评
1	是否确定了合适的短视频选题	20		
2	是否撰写出符合选题的短视频脚本	40		
3	是否按照脚本拍摄并制作短视频	40		

项目 2

新媒体运营技巧

学习目标

知识目标

- ➲ 掌握用户运营的基本概念；掌握获取用户的基本方法；
- ➲ 理解内容运营的基本概念和核心环节；
- ➲ 了解活动策划与推广的流程和关键环节；
- ➲ 理解产品运营的概念；
- ➲ 掌握不同阶段产品的运营重点。

能力目标

- ➲ 学会搭建用户体系；
- ➲ 学会内容创作的方法和技巧；
- ➲ 学会跨界活动的策划方式；
- ➲ 学会针对不同企业、不同产品进行运营策略。

素质目标

- ➲ 通过项目实践，提升团队协助和互助意识，树立创新意识、培养创新精神。

知识结构图

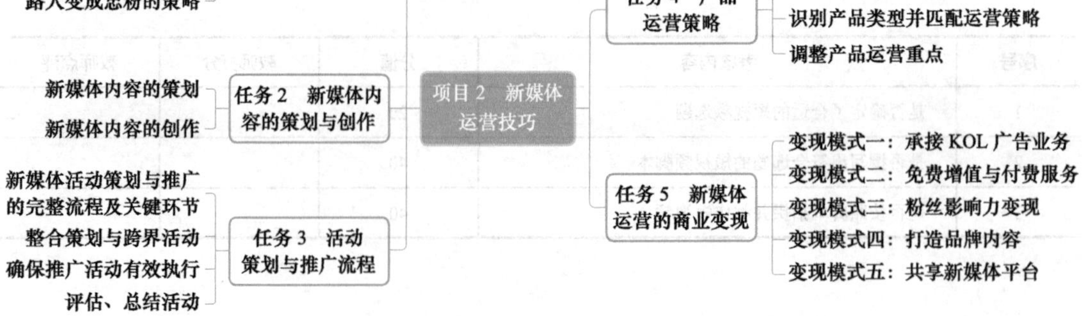

用户运营工作
搭建合理的用户体系　　任务 1　用户
找到用户并吸引用户　　　　分析
路人变成忠粉的策略

产品运营的概念
产品运营的总体思路　任务 4　产品
识别产品类型并匹配运营策略　运营策略
调整产品运营重点

新媒体内容的策划　　任务 2　新媒体内
新媒体内容的创作　　容的策划与创作

项目 2　新媒体
运营技巧

新媒体活动策划与推广
的完整流程及关键环节
整合策划与跨界活动　　任务 3　活动
确保推广活动有效执行　　策划与推广流程
评估、总结活动

变现模式一：承接 KOL 广告业务
变现模式二：免费增值与付费服务
任务 5　新媒体　变现模式三：粉丝影响力变现
运营的商业变现　变现模式四：打造品牌内容
变现模式五：共享新媒体平台

图 2-1　知识结构图

案例导入

新媒体运营成功案例——故宫

故宫博物院历经年代沉淀，已经成为中国文化的代表性品牌，因此故宫博物院的品牌形象一直是其营销的重要基础。深刻的文化底蕴和艺术价值一直是故宫博物院最重要的竞争优势，同时它也始终保持着对维护和扩展品牌形象的重视。

故宫博物院新媒体运营策略的其中一个重点是整合营销策略，通过整合各种营销媒介来满足不同受众的需求。本案例将对故宫博物院自 2012 年以来的新媒体运营方案进行概述并加以分析，从而探讨故宫博物院如何在已有基础上走创新发展之路。

2012 年故宫博物院开始尝试利用移动互联网为受众提供服务及藏品介绍等，因此着手新媒体运营，在新浪微博里发布相关的资讯，呈现展品。以平易近人、直观的方式科普故宫历史，不仅可以让受众每天都了解一些平常见不到的藏品，还可以让受众对故宫博物院产生好感。此阶段的主要目的还是向广大受众介绍和科普故宫博物院及藏品，以吸粉为主，处于探索发展阶段，并未实施具体的新媒体营销手段，走的还是曲高和寡的文创路线。

2013 年故宫博物院研发了首款 iPad 应用《胤禛美人图》，利用数字技术打造了一个科普平台，让受众可以近距离地接触、欣赏和学习到故宫文化；举办以"把故宫文化带回家"为主题的文创设计大赛，开始了紧跟社会化媒体步伐的品牌年轻化营销之路；创建"故宫淘宝"官方微博，开始走"软萌"路线，以受众喜欢的风格进行营销策划宣传。

2014 年故宫博物院创建了"微故宫（现更名为"故宫博物院"）"微信公众号，上线了《紫禁城祥瑞》和《皇帝的一天》iPad 应用，打造 IP 形象"故宫猫"等，并成功推出"朝珠耳机"。"朝珠耳机"获得了"2014 年中国最具人气的十大文创产品"第一名，并在"第六届博物馆及相关产品与技术博览会"上荣获"文创产品优秀奖"。

2015 年故宫博物院推出了《故宫展览》《每日故宫》《故宫陶瓷馆》等 APP，发布了《够了！朕想静静》微博等，开放文化创意体验馆，成立数字博物馆。同时，故宫博物院启用了社交媒体、微信公众号、短视频等多样的新媒体营销手段，这些渠道主要用于推广故宫博物院的文化价值、历史背景、艺术遗产以及最新展览等方面的信息，更好地传达故宫博物院的品牌形象和内涵。

2016 年故宫博物院推出了《我在故宫修文物》纪录片；和腾讯联合出品了 H5——《穿越故宫来看你》；与凤凰卫视集团签署了战略合作框架协议，根据协议，之后的五年双方将开展文化交流项目，共同举办论坛、公共文化活动、艺术展览等；与阿里巴巴合作，在天猫商城开设了官方旗舰店，旗舰店由文创、出版、门票三大板块组成，即"故宫博物院文创旗舰店""故宫博物院出版旗舰店""故宫博物院门票旗舰店"三个网店。

2017 年故宫博物院推出了 APP——《故宫社区》（现已下架）；参与了《国家宝

藏》拍摄；创立"朕的心意"天猫旗舰店；腾讯承接此前与故宫博物院跨界合作的成功经验，发布"长城你造不造"计划，通过"社交＋内容"，两大优势战略平台用年轻人最喜欢的内容和形式，将中华民族的标志性符号长城打造成新时代下更具活力的"超级IP"，以此激活长城在用户心目中的魅力；百雀羚与故宫博物院珠宝设计师钟华合作强势推出一波中国风限定梳妆礼盒——"百雀羚×故宫 燕来百宝奁"。此外，故宫博物院还特意推出了"东方簪"造型，喜鹊停金枝上寓意"喜上眉梢"。

2018年故宫博物院推出《上新了·故宫》电视节目；由腾讯地图和故宫博物院携手打造的"玩转故宫"（现为"故宫博物院"）小程序正式上线，以轻应用玩转"大故宫"，以"新方法"连接"新公众"。通过基于地理数据的各项智慧服务，以创新的互联网方法和智能贴心的方式，让游客和观众们进一步体验故宫，而"玩转故宫"也是故宫推出的首个在移动端的导览应用。

……

案例思考 ◥

故宫博物院是在明朝、清朝两代皇宫及其收藏的基础上建立起来的综合性博物馆，是我国收藏文物最丰富的博物馆，更是我国最大的古代文化艺术博物馆。是最具中国特色、最让中国人为之骄傲的文化名片，是当之无愧的博物馆界"C位"，超级大IP。在每个中国人心中，故宫都是一个特别的存在。

那故宫这个年逾600的IP为何如此成功呢？

案例启示 ◥

故宫博物院的新媒体营销策略不仅充分彰显了故宫深厚的文化底蕴和艺术价值，更为故宫的久远发展奠定了坚实的基础。通过社交媒体和整合营销手段，故宫博物院成功地吸引了更多的受众和游客，有助于宣传推广文化遗产和艺术珍品。同时，故宫博物院在交互式体验方面的创新，也为许多博物馆提供了新的启示，帮助他们更好地适应数字时代的发展，实现数字营销的突破。总之，故宫博物院的新媒体营销策略可为其他博物馆和文化机构提供良好的借鉴和参考。

任务1 用户分析

 **任务描述**

在新媒体运营中，常被思考的几点内容是：想想用户在哪里，想想用户在做什么，想想用户的需求是什么等。而新媒体运营的目的又是各不相同的，有的是为了推广品牌，有的是为了流量，还有的是为了销售。目的不同，用户就不同，新媒体运营者首先要清楚用户是谁，其次进一步分析用户的特点，给用户描绘画像。一般从用户的年龄、性别、职业、兴趣爱好、地理位置、上网时间等内容进行分析。那么具体该如何分析呢？

知识准备

新媒体运营，用户是核心。不少企业的新媒体部门规定："新员工在入职后，必须先做与用户相关的工作（如网店客服、微信公众号后台互动、用户社群沟通等），再上任其本职岗位。"因为不论是开发产品、设计活动，还是策划内容，都需要围绕用户。如果不重视用户，新媒体运营就会出现事倍功半的结果，如面向大量不精准的用户开展新媒体工作，造成资金与精力浪费，最终降低了转化率、曝光量等数据。

（一）用户运营工作

用户运营工作主要围绕四个方面展开，包括拉新、促活、留存及转化，如图 2-2 所示。

图 2-2　用户运营工作

1. 拉新

拉新即通过微博、微信、论坛、社群、线下等渠道进行企业各项活动的推广，邀请新用户注册或试用，目的是提升用户总体数量。

2. 促活

促活即通过友好的新用户教程、创意的用户活动等，让用户每天多次打开软件或进入自媒体账号，目的是提升用户活跃度。

3. 留存

留存即通过后台分析用户数据，以策划活动、增加功能或发放福利等形式留住用户，目的是提升用户留存率。

4. 转化

转化即拥有一定活跃用户后，尝试通过下载付费、会员充值等方式获取收入，目的是提升转化率。

围绕拉新、促活、留存及转化这几个方面，用户运营工作可以展开大量细节工作，其中最核心的工作是以下几点：

1）绘制用户画像，为用户运营工作锚定方向。

2）搭建用户体系，打牢用户运营工作的基础框架。

3）寻找目标用户，提高用户获取质量。

4）设计用户参与方式，提升用户活跃度并减少用户流失。

实战训练

打开微博客户端，尝试分析微博引导用户成为付费会员的主要方式。

（二）搭建合理的用户体系

在搭建用户体系时，新媒体运营者可以借助 RFM 模型设计管理层次。所谓 RFM 模型，即通过最近一次消费（Recency）、消费频率（Frequency）、消费金额（Monetary）三个指标组成矩阵，评估用户价值状况。

根据 RFM 模型的三个指标，新媒体运营者可以将用户体系划分为一般挽留用户、一般保持用户、一般发展用户、一般价值用户、重要挽留用户、重要保持用户、重要发展用户、重要价值用户等八个级别，如图 2-3 所示。

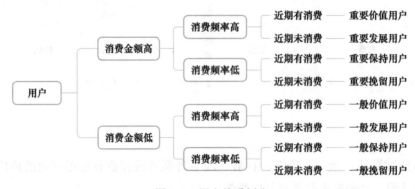

图 2-3　用户体系划分

在利用 RFM 模型划分用户体系后，新媒体运营者需要设计相应的用户体验，面对不同的用户，进行差异化管理。

不过在使用 RFM 模型时，新媒体运营者不能生搬硬套，而是需要结合企业实际情况设计用户体验。

第一步，指标调整。对于不同的企业、不同的产品，"最近一次消费、消费频率、消费金额"三个指标需要进行相应的变化，见表 2-1。

表 2-1　不同企业、不同产品下的指标变化

企业产品	三大指标
官方网站	最近一次登录、登录频率、浏览时间
企业 APP	最后一次打开、打开频率、停留时间
官方店铺	最后一次下单、下单频率、订单金额

第二步，级别调整。虽然 RFM 模型的三个指标可以划分出八个用户级别，但是多数企业会将用户级别简化，由八个缩减为五个甚至更少。

比如，某购物网站的用户级别共分为五级，包括注册用户、铜牌用户、银牌用户、金牌用户及钻石用户。会员级别由成长值决定，成长值越高，会员等级越高，享受的会员权益越多，如图 2-4 所示。

图 2-4　某购物网站的用户级别

第三步，分级运营。划分出不同的用户级别后，新媒体运营者需要进行精细化用户运营，尤其是要将重点精力投在优质用户上。

对于活跃度高、消费次数多或消费金额大的重要用户，可以设置服务专线、意见优先反馈、定期颁发荣誉奖章等。当重要用户可能流失时，通过发放优惠券、推送邮件等形式，尝试进行用户挽留和激活。

实战训练

某休闲零食电商企业的新媒体运营团队从客户数据中提取了三个用户并进行比较。如果自己是新媒体运营团队负责人，会对哪个用户重点维护？

A 用户：上周刚下单，平均每月下单三次，订单金额平均 200 元。

B 用户：最近一次下单是半年前，平均一年下单两次，订单金额平均 50 元。

C 用户：仅在本店铺进行过一次下单，且下单时间是半年前，订单金额 30 元。

（三）找到用户并吸引用户

新媒体运营的效果一般通过粉丝数量、阅读数量、转化数量等指标评估，而这些指标都与用户总体数量成正比。因此，新媒体运营者必须想方设法进行用户拉新工作。

拉新工作力求精准，因为大量不相关用户会增加客服工作量、降低转化率，最终降低运营效果。精准获取用户分为三个步骤，即识别用户渠道、设计引入形式、给出引入理由。

第一步，识别用户渠道。用户画像常用到标签公式"用户标签＝固定属性＋用户路径＋用户场景"，分析该公式中的"用户路径"，新媒体运营者可以识别出用户的活跃渠道，即找到用户使用的网站或软件，做好渠道布局。

第二步，设计引入形式。识别出精准的用户渠道后，接下来需要在此渠道设计引入形式，引导用户关注微信公众号、进入网站或下载软件。常见的引入方式包括硬广、软文、活动等。引入形式没有固定模板，新媒体运营者可以结合渠道特点及产品特色，加入独特的创意，吸引用户。

第三步，给出引入理由。用户不会主动关注毫不相关的微信公众号或下载与自己无关的软件，因此即使找到了精准用户并设计出引入方式，依然需要"临门一脚"，即给出引入理由。

例如，在推广微信公众号时，至少可以使用四种引入理由：一是扫码可以下载资料；二是扫码可以领取听课门票；三是扫码领取现金红包；四是扫码领取商家优惠券。

课堂讨论

如果自己是一家考研机构的新媒体运营负责人，在以下哪些渠道可以获取精准粉丝？

A. 大学生校园论坛

B. 大学生考研打卡社群

C. 育儿交流QQ群

D. 线下美食沙龙

E. 线下讲座"研究生志愿填报策略"

（四）路人变成忠粉的策略

在互联网上，路人指的浅层次接触的用户，他们可能只是关注了企业账号、转发过企业活动，甚至可能只看过企业的一篇文章。虽然路人有助于提升企业的品牌知名度，但是无法产生有效的运营价值。

有效的运营价值来自与企业有深度接触的用户，也称为忠粉。这部分用户不仅关注了企业账号或经常浏览企业文章，更会加入企业社群、参与企业活动，并推荐身边好友关注企业账号或邀请身边朋友下载企业的APP。

获取一个新用户的成本往往高于挽留一个老用户，因此新媒体运营者必须提升用户活跃度、降低用户流失率，将路人变为忠粉。常用的策略包括九种，即内容、活动、资源、社群、功能、积分、奖励、投入、提醒。

1. 内容

内容是最稳妥的提升用户活跃度方式。好的内容会让用户的心态从接触账号时的"看一看内容"到"很期待，等着看内容"，完成活跃度的初始积累。

通过内容增加用户活跃度不是偶尔刻意为之，而是需要新媒体运营者持续地发出高质量的文章、视频、图片等。

2. 活动

新媒体运营者可以定期策划与组织企业的新媒体活动，通过富有创意的活动吸引用户参与，提升用户活跃度。

3. 资源

新媒体运营者可以在部分新媒体平台放置学习资料、成长工具、工作素材等资源，并引导用户下载，用资源提升用户活跃度。

4. 社群

现阶段，新的公众号、富有创意的新媒体产品层出不穷，即使新媒体运营者每天推送有趣的文章，用户对企业的热情度依然会随着关注的时间增长而逐渐衰弱。

所以新媒体运营者可以尝试组建用户社群，将企业与用户的关系从冰冷的"账号对人"，变为带有温度的"人对人"。

5. 功能

用户对不同互联网产品的使用频率各有不同，一部分产品属于高频产品，用户打开次数较多，如微信、QQ、微博等；而另一部分产品属于低频产品，用户只有在特定场景下才会打开，如滴滴出行、丁香医生等，用户只有在打车、求医等情况下使用。

低频产品提升用户活跃度，可以尝试增加高频功能，增加用户在线时长或打开频次。例如，智联招聘作为一家人力资源服务机构，其开发的手机软件智联招聘的主要功能是职位搜索、简历制作及投递等，如图 2-5 所示。

a）简历制作及投递功能　　　　　　　b）职位搜索功能

图 2-5　智联招聘的主要功能

对多数职场人而言，更换工作只是阶段性的，在用户找到合适的工作后，打开智联招聘软件的频次便随之大大下降。为了提升软件的用户活跃度，智联招聘除了基础的与求职相关的低频功能外，增加了智联小秘书、发现、行业问答等功能。

智联小秘书与微信公众号的功能类似，每天推送与职场相关的内容；发现聚合了优秀的 HR 经验分享功能及趣味的职场测试功能；行业问答实现了同行业人员之间的交流与互助。

增加高频功能后，用户不再是"只有找工作才用智联招聘"，日常也会打开智联招聘浏览行业经验、学习职场技能。因此，智联招聘软件实现了用户活跃度的提升。

6. 积分

新媒体运营人员可以参考 RFM 模型，为企业设计对应的用户层级并设置相应的积分体系，每个用户层级享受不同的用户待遇。

例如，某出行软件将会员分为 V1—V8 八个等级，每一类可以享受不同的福袋、抢兑、折扣等福利，用户必须保持一定的活跃度才能升到下一级别，如图 2-6 所示。

图 2-6　某出行软件的会员等级

7. 奖励

积分体系完成的是精神层面的奖励，满足用户的尊荣感，随着消费增多，用户会成长，不同的等级可以享受不同的优惠。此外，新媒体运营者也可以设置物质奖励，进一步提升用户活跃度。

例如，顺丰速运的用户积累到一定的积分后可以在"积分商城"兑换日用品、零食等，如图 2-7 所示。

8. 投入

用户往往对已经付出时间或者资金的产品更加忠诚。新媒体运营者在进行用户管理时，也可以引导用户适当投入，以减低用户流失率。

例如，腾讯 QQ 的 Q 等级，就进行了时间与资金的双引导，如图 2-8 所示。一方面，在 Q 等级后注明"N 天后升级"，引导用户持续登录，以获得更高的等级；另一方面，引导用户成为高级别付费会员。

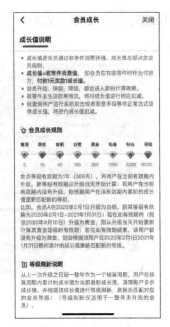

图 2-7　顺丰速运的积分奖励

图 2-8　腾讯 QQ 的双引导

9. 提醒

当用户长时间没有打开软件或者登录网站时，新媒体运营者可以尝试推送提醒，引导用户尽快打开软件或者登录网站。为了在诸多提醒中脱颖而出，此类提醒信息要足够吸引用户，必须做好以下三个细节。

首先是信息抓人眼球。用户在没有打开信息的时候只能看到信息标题及正文的前 20—30 个字（见图 2-9），这些文字如果纯粹是广告语或者内容毫无创意，用户不会点开。

其次是内容强调价值。既然是吸引用户再次打开软件或登录网站，信息必须准确表述用户回归后的价值，如"我们新增一款适合您的功能""我们对老用户有福利发放""今天有免费优惠券"等。

最后是操作简洁。用户点击信息后可以直接跳转到相关页面或软件首页（见图 2-10），否则用户很有可能会因为操作烦琐而放弃回归。

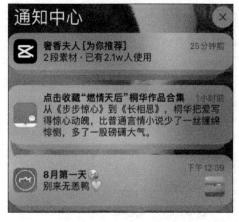 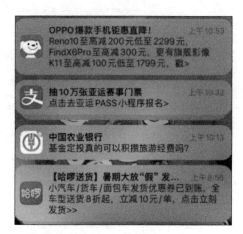

图 2-9　新媒体运营的推送提醒

图 2-10　新媒体运营推送的信息

 任务实施

理解并描述用户的显性画像。学生在理解"用户的显性画像"概念的基础上，完成对用户显性画像的描述，进而能初步建立一个比较完整的用户档案，抓住其基本特征，真正明确用户的深层特征。

任务步骤 ⊙

步骤 1：用户的显性画像指的是新媒体运营者对用户群体可视化特征的描述。想要完整地描述用户的显性画像，应该从用户的基础特征（见表 2-2）、上网习惯（见表 2-3）、产品使用习惯（见表 2-4）和其他特征（见表 2-5）几个方面入手。

表 2-2　基础特征

特征	描述重点
年龄	用户群体的年龄段分布情况，找出数量第一和第二的群体
性别	对比男女用户在总人数中的比例
职业	找出用户群体中人数最多和次多的两种职业
地域分布	找出用户人数分布最多的两个地域
兴趣爱好	总结用户群体中第一和第二的兴趣爱好标签

表 2-3 上网习惯

特征	描述重点
上网的时间段	用户主要在哪个时间段登录网站
上网的时间长度	用户每次上网的时间有多久
上网的频率	用户隔多长时间上一次网
影响上网的因素	用户平时上网受哪些因素影响

表 2-4 产品使用习惯

特征	描述重点
使用产品的频次	用户多久使用一次产品
使用产品的时间	用户主要在哪个时间段使用产品，找出最集中的时间段
使用产品的时长	用户每次使用产品的时间长短
个人使用习惯	用户有哪些特殊的产品使用习惯

表 2-5 其他特征

特征	描述重点
了解产品信息的渠道	明确用户主要通过什么渠道来获取产品信息
用户注册账号的时间	用户在什么时候注册的新媒体账号
用户等级	用户在新媒体平台上的等级
用户活跃程度	用户在新媒体平台上是否活跃
用户分类	用户在新媒体平台上属于哪种类型

步骤 2：描述用户显性画像中最主要的 5 个特征，思考这些特征的开发价值，内容填写在表 2-6 中。

表 2-6 用户显性画像特征描述

用户特征	开发价值

 任务考核

同学们完成任务实训后，教师根据表 2-6 填写的情况为同学们打分并点评，相关内容填写在表 2-7 中。

表 2-7 任务考核表

序号	考核内容	分值	教师打分	教师点评
1	完成对用户显性画像的描述	20		
2	能初步建立一个比较完整的用户档案	20		
3	能抓住用户基本特征	30		
4	能明确用户的深层特征	30		

任务2 新媒体内容的策划与创作

 任务描述

在新媒体运营中，内容运营指的是运营者利用新媒体渠道，用文字、图片或视频等形式将企业信息友好地呈现在用户面前，并激发用户参与、分享、传播的完整运营过程。

新媒体内容指的是通过精心设计的文字、图片、视频等打动用户，使用户自发地点赞、转发、评论或下单购买。虽然通过物质奖励或产品促销等形式也可以影响一部分用户，但是其转化率及传播效果却远远不如好的内容，如何策划和创作好的新媒体内容呢？

知识准备

这里描述的新媒体内容指的是内容形式，用户通过手机或计算机上网，通过"看图文、看视频、听音频"等形式了解企业产品或品牌信息，所以企业推送的内容可以是文章、海报、视频或音频等。

内容运营对于新媒体运营的整体效果起着至关重要的作用，主要表现在以下几个方面：

第一，内容运营有利于提高产品知名度。产品本身不会说话，所以需要内容代为表达。用户在使用产品之前，会通过企业官网或微信公众号等渠道浏览产品介绍、品牌新闻、用户反馈等内容了解产品。因此，优质的内容、精准的内容推送、多平台的内容宣传，可以让更多用户接触产品信息，从而提升产品知名度。

第二，内容运营有利于提升营销质量。新媒体运营最终是为了转化率，让用户愿意付费。如果把内容运营看作一场球赛，那么在射门之前必须有传球、盘带等过程——高转化率的文章或高参与度的活动就是转化工作的"临门一脚"，在此之前需要进行很多的铺垫。

第三，内容运营有利于提升用户参与感。用户的参与感来自与企业持续地互动，设计具有话题性、创新性的新媒体内容，会引导用户参与互动，提升用户的参与感。

课堂讨论

如果某企业的微信公众号每天发布"今日新品""最新活动"等，但没有任何与粉丝互动的内容，你愿意持续关注这个公众号吗？为什么？

新媒体内容创意
的八大法则

（一）新媒体内容的策划

新媒体内容策划共分为七个核心环节，包括选题规划、内容策划、形式创意、素材整理、内容编辑、内容优化和内容传播，如图 2-11 所示。

图 2-11 新媒体内容策划的核心环节

1. 选题规划

新媒体内容策划的第一个环节是进行选题规划。新媒体领域受人关注的"10 万＋"文章、"百万级别"曝光等内容，看起来是突然出现，其实多数是建立在扎实的日常运营基础之上的。如果只是偶尔写出高阅读量的文章，没有良好的运营，也会由于日常内容积累少、口碑积累缺失，而影响后续的转化效果。

因此，新媒体内容运营人员必须进行选题规划，策划出下一阶段的主要内容形式、内容选题等，并填入《选题规划表》（示例见表 2-8），作为下一阶段的内容运营总纲。

表 2-8　某美食微信公众号每周的选题规划表

星期	内容形式	推送时间	内容选题	暂拟标题
一	文章	18:00	美食 DIY	《5 步教你蒸美味蛋羹》
二	文章	18:00	旅行美食	《都说江南美景，那江南有什么美食呢？》
三	文章	18:00	美食盘点	《盘点：6 种超省时间的美味健康早餐》
四	文章	18:00	健康美食	《为什么要劝你多吃木耳？》
五	图片	20:00	挑食材	《苹果怎么分品种？》
六	图片	20:00	夜宵推荐	《泡面的另类吃法》
日	文章	20:00	下周吃啥	《下周冬至，据说吃这些不冻耳朵！》

2. 内容策划

如果选题规划做的是阶段性的内容设计，那么内容策划做的是更具体的内容设计。在写一篇微信公众号文章或创作一条产品广告前，新媒体内容运营团队需要探讨内容细节，完成内容策划。

做内容策划，实际上就是解决以下重要问题。

1）制作本次内容的目的是什么？推广新品、宣传品牌还是完成其他工作？

2）内容投放渠道在哪里？微信公众号、微博、知乎还是其他平台？

3）该渠道的用户是谁？学生、上班族还是其他人群？

4）内容制作周期是多久？内容传播周期预计多久？

5）内容主题如何设计？

6）内容风格如何设计？

……

3. 形式创意

内容策划完成后，新媒体运营者需要思考对应的形式。用户总是对新鲜的、有创意的形式更感兴趣，如果某个账号的内容形式一成不变，用户的活跃度会逐渐降低。

因此每一次撰写和发表文章或者做海报之前，新媒体运营者需要思考这些内容：

1）素材可以写成一个故事吗？

2）素材可以写成一篇趣味新闻吗？

3）素材可以做成一张长图吗？

4）素材可以做成一个小问答吗？

……

在思考内容形式时，新媒体运营者可以打开思路，不必局限于文章、海报、视频等常规形式。

4. 素材整理

内容形式敲定后，新媒体运营者需要进行素材搜集与整理。素材主要分为内部素材和行业素材两种类别。

内部素材包括企业产品图、产品理念、活动流程、过往照片、过往数据等；行业素材包括行业数据、行业新闻、网民舆论、近期热点等。相关人员应尽可能多地搜集并分门别类地整理这两种类别的素材。

此外，新媒体运营者需要养成"随手记录素材"的习惯，完善自己的素材库。某知名自媒体从业者曾分享："只要用心去发现，身边的每位朋友都是行走的素材库。发现故事要随时搜集，整理进自己的素材库。我随时都会用手机记录素材，并且标记清楚这些素材可以用在什么选题里。"

5. 内容编辑

内容编辑实际上就是常规意义上的撰写文章、制作海报等，属于内容运营的执行工作。

如果跳过前边四个环节直接撰写文章或制作海报，新媒体运营者常会出现没有思路、内容毫无框架的情况；相反，如果上述步骤都完整执行，这一步会相对轻松。

6. 内容优化

内容编辑工作完成后，内容不能马上发布，而是需要进行测试、反馈及优化。如果转化率低或反馈不好，需要进行内容优化与调整。

常见的测试与反馈包括如下方式：

1）文章预览直接转发到粉丝群；

2）报名网址分享在微信朋友圈；

3）微博发布设置为"好友圈"；

4）内容海报仅部分人可见；

……

7. 内容传播

内容运营并非发布微信文章或发布微博内容后就结束了，而是需要继续推广与传播，以期获得更好的内容效果。

特别是对于粉丝较少的账号，仅有为数不多的人可以看到其推送的内容，传播效果有限。因此，新媒体运营者需要设计传播模式及便于传播的内容，引导粉丝将内容转发到微信朋友圈、自己所在的微信群或更多渠道。

实战训练

某企业微信公众号的粉丝数约500人，每篇文章的阅读量约30次，如果企业打算提升微信公众号运营效果，新媒体运营者需要在哪个环节重点突破？

（二）新媒体内容的创作

新媒体内容的创作分为五个步骤，即渠道用户画像、用户场景拆解、用户的需求和痛点挖掘、解决方案描述及内容细节打磨。

看到某服装公司公众号发出以下哪种内容，自己会主动转发到朋友圈或转发给朋友？

A. 服装搭配技巧

B. 秋季女士服装选购方法

C. 上传头像就能帮自己选衣服的趣味 H5

D. 商家新品广告

1. 渠道用户画像

不同的新媒体平台渠道用户不同，其需求自然也不相同。因此，新媒体运营者需要先分析渠道用户并进行用户画像，然后根据用户画像创作该渠道专属的新媒体内容。

用户画像又称为用户角色，作为一种勾画目标用户，联系用户诉求与设计方向的有效工具，用户画像在各领域得到了广泛的应用。

某企业的线上主营业务是枸杞零售，其新媒体部门撰写的文章《枸杞泡水好不好？中老年保健应该这样做！》，适合发在下边的渠道吗？需要如何调整？

A. 针对职场 1—3 年的微信公众号

B. 以冷笑话为主要内容的微博账号

C. 大学生论坛

D. 美食 DIY 网站

用户画像是新媒体运营工作的必要内容，为用户运营锚定整体方向。做出清晰的用户画像，需要做好两件事。

（1）提炼用户标签，用故事描述用户画像　提炼用户标签即利用若干个关键词来描述用户的基本特征。标签是画像的轮廓，有了用户标签，用户画像就有了基本框架。

提炼用户标签的过程，实际上是针对以下三个问题的循环研究过程。

1）用户是谁，即分析固定属性；

2）用户在哪里，即分析用户路径；

3）用户在做什么，即分析用户场景。

因此，提炼用户标签也可以用一个公式来描述：

$$用户标签 = 固定属性 + 用户路径 + 用户场景。$$

1）固定属性即用户的基本特征，这些特征在短时间内不会发生变化，包括用户年龄、性别、职业、地区、学历等。

2）用户路径即用户的互联网浏览喜好，包括打开频率较高的聊天软件、常用的搜索网站、喜好的购物平台等。

3）用户场景即用户在某特定场合或特定时间的动作。如在早上起床、上下班路上、晚上睡前等场景内，用户如何学习、如何娱乐等。

研究用户固定属性、用户路径及用户场景后，提炼出关键词，就形成了一套完整的用户标签。不过，用户标签只是用户画像的中间过程，呈现的只是用户画像的基本轮廓，而不是最终的画像结果。新媒体运营者需要在用户标签的基础上进行用户画像描述，以呈现完整的用户特征。

描述用户画像看起来只是一个撰写文字的过程，按照标签进行文字延展即可。但是在具体描述时，需要做到完整化、细节化。完整化即用户行为全过程完整表述，不能人为地跳过一些步骤；细节化即具体描述用户场景，不能一笔带过。

实战训练

尝试借助"用户标签＝固定属性＋用户路径＋用户场景"的方法，提炼豆瓣网的主要用户标签。

（2）绕开画像误区，防止从源头上出错　使用不恰当的用户画像方法，不但无法获得准确的用户画像，反而会造成用户运营工作整体偏离。因此，新媒体运营者需要绕开用户画像的误区。

用户画像的常见错误共三类，包括提问式画像、大数据画像及代入式画像。

1）提问式画像即采用问答的形式获取用户信息，勾画目标用户形象。采用提问式方法，看起来完全围绕用户，而且得到的都是用户的真实信息，但实际上用户画像极有可能出现导向性问题。

2）大数据画像即通过互联网大数据，挖掘用户属性做出目标用户画像。但大数据画像只对一部分企业适用，例如生产数据的互联网企业，可以用大数据进行用户画像，使用数据统计出网民对于科普的搜索热度，从而构建出网民的科普搜索喜好。但是对于不生产数据的企业，通常不能直接使用大数据进行画像。因此，新媒体运营者需要根据企业的实际情况，决定是否使用大数据进行画像。

3）代入式画像即新媒体运营者将自己或团队的日常行为进行系统分析，如研究自己的上网时间、浏览喜好、常用软件等，尝试将自己或团队的特征提炼并代入用户特征，进行用户画像。代入式画像的最大问题在于新媒体运营者不等于用户。

课堂讨论

通过以下问题尝试分析能否得到用户的准确信息。

1）"业余时间，你喜欢看电影还是看书？"

2）"红、黑、白三种颜色的手机外壳，你喜欢哪一款？"

3）"你的同学们都喜欢读书，你是否也喜欢？"

2. 用户场景拆解

研究用户画像后，新媒体运营者需要继续了解用户在尚未使用企业产品时的主要场景，并按步骤拆解场景，以流程图或工作表的形式进行记录。

在进行场景描述时，可以从以下四个方面考虑。

1）对象（Who）——谁在做这件事？他在做这件事的时候涉及到哪些人？这是为了明

确这个场景所关联的关系人。

2）场所（Where）——他是在哪里做的这件事？为什么偏偏要在这个地方干？换个地方行不行？如果需要的话，可以在需求分析时考虑用户当前会受到哪些外界环境的影响。

3）时间（When）——这个场景是在什么时候做的？用户为什么会在这个时候干？能不能在其他时候干？如果目前的场景前置或后置，对流程会产生什么影响？这里需要考虑的是，当前这个操作 / 场景放在这里的合理性。

4）方式（How）——用户目前是怎样做的？为什么用这种方法来做？有时候方法一改，全局就会改变，可以思考有没有更好的方法来解决当前问题。

把用户在某个场景中，也就是某个特定时刻可能会出现的行为、心理活动、具体的需求描述出来。其目的就是提高对用户可能身处场景的理解，这样可以把用户心理状态描述出来。

3. 用户的需求、痛点挖掘

新媒体运营者可以根据以上场景拆解，发现用户的需求和痛点。

用户在特定的场景下，出现的特定的问题，且这个问题是可以被解决的，也就是用户在特定场景下出现了需求，需求由用户、场景、诉求、任务等四个要素构成。需求跟用户的最终目的有关，且要与场景匹配。

由痛点产生的需求，大多数都是用户的刚性需求，痛点强度越大，人们产生改变这个痛点的想法就越强烈，需求也越旺盛。痛点是需求的来源，但是痛点并不等于需求，痛点能否变成需求，取决于是否能解决这个痛点。新媒体运营者可以根据场景拆解，寻求用户痛点，即挖掘用户操作不方便、不喜欢的环节。

需求分为显性需求和隐性需求。

1）显性需求是指明确表达出来的需求，通常是用户在使用产品或接受服务时能够清晰地表达出来的需求。例如，用户购买计算机时需要明确指出自己需要的品牌、型号、配置等信息，设计者可以通过直接询问用户或观察用户的行为来获取这些需求信息。

2）隐性需求是未明确表达出来的需求。这种需求通常是用户对产品或服务的一些期望或想法，但是用户可能无法清晰地表达出来。例如，用户购买计算机时可能希望自己的计算机具有更好的散热性能，但是他们可能无法清晰地表达这个需求。设计者需要通过各种方式来挖掘出这些隐性需求，以满足用户的更高层次需求。

4. 解决方案描述

针对用户的痛点，新媒体运营者需要用企业产品进行匹配，看企业产品分别能够解决用户的哪个痛点、如何解决。

5. 内容细节打磨

通过以上步骤，新媒体运营者可以提炼出解决用户痛点的解决方案，这是新媒体内容的核心。围绕核心，新媒体运营者仍然要继续打磨细节，如设计海报、撰写软文、拍摄视频等。

課堂讨论

订外卖有哪些痛点？自己熟悉哪个外卖平台？它是如何解决这些痛点的？

 任务实施

搜集资料，学习典型的营销文案。在搜索引擎中搜索与新媒体内容营销有关的案例，利用所学知识分析其成功之处，掌握新媒体内容策划的核心环节。

任务步骤 ⊙

步骤1：在互联网上找出自己最喜欢的5个营销文案，分析其内容策划的核心环节。随着整个新媒体行业的发展成熟，大家开始认识到坚持"内容为王"的路线才能让新媒体走得更远。内容营销的核心是制作优质的内容，这是新媒体平台树立个性品牌的立足点。

步骤2：分析、学习成功营销方案的成功之处，填在表2-9中。

表2-9　成功营销方案的成功之处

文案标题	成功之处

任务考核

同学们完成任务实训后，教师根据表2-9填写的情况为同学们打分并点评，相关内容填写在表2-10中。

表2-10　任务考核表

序号	考核内容	分值	教师打分	教师点评
1	能理解新媒体的概念及重要性	20		
2	能掌握新媒体内容运营的核心环节	20		
3	能掌握新媒体内容设计和创作的技巧	30		
4	能从成功营销方案中学习成功之处	30		

任务3　活动策划与推广流程

 任务描述

在新媒体运营中，如何做好活动策划与推广？需要确定目标受众和定位；选择合适的新媒体平台；制定推广策略和内容；加强互动和社群管理；注重数据分析和优化；不断学习

和创新。只有在不断的学习和实践中，才能够在新媒体推广和营销领域中取得更好的成果。

知识准备

新媒体运营是一种旨在提高品牌曝光度、改善用户体验、增强社会影响力的策略性活动。它是一种全新的技术，可以帮助企业把品牌内容和社交媒体结合起来，更好地推广和了解自己的品牌。新媒体运营过程中的活动策划指的是围绕企业目标而系统地开展一项或一系列活动，其中完整地包括阶段计划、目标分析、玩法设计、物料制作、活动预热、活动发布过程执行、活动结束、后期发酵及效果评估等全部过程。

在新媒体运营工作中，之所以要重视活动运营，是因为活动运营具有快速提升运营效果的作用，如微博发布、微信公众号发文、产品数据分析等日常工作，可以使企业新媒体稳定运行。而阶段性开展新媒体活动，可以使运营效果在某个时期内快速提升。

（一）新媒体活动策划与推广的完整流程及关键环节

理解新媒体活动运营，重点是理解目标、系列、完整三个关键词。

（1）"目标"　活动运营必须紧密围绕企业目标，如提升新品曝光度、提升产品销量、提升品牌美誉度等，否则即使活动过程火爆、参与人数多，也会在活动后进行效果评估时，由于结果数据与目标不匹配，而使活动效果减分。

（2）"系列"　新媒体活动多数情况下以"系列活动"的形式出现，一方面，活动之间需要系列化，每个活动之间要有衔接；另一方面，活动自身也具有系列化特征，一场大型活动本身包括"预热活动""正式活动""发酵活动"等小活动。

（3）"完整"　新媒体活动运营不仅仅是发布一篇活动文章、撰写一条"转发抽奖"微博而已，而是包含三个阶段及十个完整的环节，如图 2-12 所示。

图 2-12　新媒体活动运营的环节

1）策划阶段。新媒体活动始于策划，即活动运营超过一半的工作量都在策划阶段。策划阶段需要新媒体运营者完成四项工作，为后续两个阶段搭建整体框架。

首先是阶段计划。新媒体运营者需要在每年年底结合节假日、周年庆等热点，制定第二年的年度活动计划。

其次是目标分析和玩法设计。在每次活动开始前，新媒体运营者都要先把活动目标拆解清楚，根据目标设计活动玩法。在设计玩法的同时，新媒体运营者需要将目标数据植入玩法，便于对活动进行监控。

最后是物料制作。活动物料既包括线下物料（如易拉宝、宣传单、条幅），又包括线上物料（如活动海报、活动视频、活动文字）。新媒体运营者必须提前将物料制作完成，防止由于物料缺失而延误其他工作。

2）执行阶段。进入执行阶段后，活动运营工作从策划变为落地。为了使策划阶段制定的工作目标顺利实施，新媒体运营者需要协调整个团队，在"活动预热、活动发布、过程执行、活动结束"四个环节按照既定的方案精准执行。

3）收尾阶段。在对外宣布活动结束后，新媒体活动的运营工作实际上并未结束。一方面，新媒体运营者需要做好活动后期"发酵"工作，整理出活动过程中的照片、视频、留言截图等，进行二次传播；另一方面，新媒体运营者需要进行效果评估，带领团队复盘，把活动经验归档，便于后续活动的持续改进。

在活动策划及运营的十个环节中，新媒体运营者需要重点关注的是四个关键环节，即阶段计划、玩法设计、过程执行及效果评估。

第一，阶段计划是活动运营的总纲。成熟的新媒体运营者并不是在某个热点到来后才开始"抓热点、做活动"，而是需要提前很长时间进行热点预判及前期准备。

第二，玩法设计是新媒体活动运营的灵魂。平淡无奇的活动无法抓住用户的注意力，丰富多彩的跨界活动和富有创意的新奇活动，有助于活动效果的提升。

第三，过程执行是活动运营的根基。好的策划必须辅之以好的执行，否则一切都是纸上谈兵。新媒体运营者需要在策划阶段制作活动推进表、活动物料清单、活动运筹表三个表单，确保执行工作顺利完成。

第四，效果评估是对新媒体活动运营的检验。新媒体运营者需要在活动开始前"预埋"监控数据，并在活动结束后汇总活动数据，便于总结与优化。

（二）整合策划与跨界活动

新媒体活动运营的效果一般会体现在用户对活动的参与度，但是持续提升用户参与度相对困难。一方面，用户的可选择范围变大，通常不会对同一家公司、同一个账号或同一类活动保持浓厚的兴趣；另一方面，新媒体活动运营团队很容易在策划几次活动后进入"思路枯竭""创意失效"的状态——没有新的灵感，自然无法激发用户的参与。

因此，新媒体运营者需要做好跨界与整合，以提升用户参与度，确保活动效果活动运营的跨界整合有五种策划方式，包括产品跨界、内容跨界、圈层跨界、IP 跨界、渠道跨界。

1. 产品跨界

产品跨界指的是以定制产品作为活动的主线，把原本毫不相干的产品元素相互融合，突出"限量""定制"等关键词，"引爆"合作双方的新媒体传播。

2. 内容跨界

内容跨界指的是合作方在活动文章、活动海报、活动视频等内容中互相植入对方的品牌，在内容传播过程中对参与方的品牌进行多次传播，达到共赢的目的。

3. 圈层跨界

在互联网的发展过程中，用户的喜好呈多样化发展趋势，即有的用户喜欢动漫，有的用户喜欢体育赛事，有的用户喜欢在线阅读，有的用户喜欢网络游戏等。

不同的喜好产生了不同的文化圈层，而不同圈层的品牌跨界合作，可以激活对方的用户，尝试获得超出预期的活动效果。

4. IP 跨界

IP 在这里的意思为知识产权，即 Intellectual Property，不过在文化创意行业被引入后，用户喜欢的小说、剧本、漫画甚至个人都被看作 IP。一个成功的 IP 实际上也是一个独特的文化现象，尝试不同形式的 IP 跨界合作，可以将 IP 的影响力充分聚合。

跨界联名的优势可以实现品牌资源的共享和品牌之间的互补，从而达到品牌宣传和营销，通过跨领域 IP 联动吸引更多的不同领域的消费群体，增强 IP 与粉丝之间的互动，从而扩大市场的范围。

5. 渠道跨界

活动运营未必局限于互联网渠道。新媒体运营者可以尝试与其他渠道的品牌进行合作，打通线上和线下渠道，多维度放大品牌效应。

实战训练

某护肤品公司打算推出一款新的洗面奶。如果你是该公司的新媒体运营负责人，请尝试策划与新品相关的跨界活动。

（三）确保推广活动有效执行

过程执行是活动运营的根基。再优秀的策划方案，如果没有被很好地执行，都会变成纸上谈兵。

为了保证活动按照既定的策划方案有效执行，新媒体运营者需要高度关注人、事、物三方面，即活动事项、活动物料以及团队协作。通过提前设计活动推进表、活动物料清单、活动运筹表三个表单，新媒体运营者可以更系统地管理以上三方面的运营细节。

1. 用活动推进表跟进事项进度

活动推进表实际上就是项目管理中常用到的甘特图，通过条状图来显示项目随着时间推进的进展情况，其关注点在"事"。一方面，在活动策划期间规划出各事项的推进时间；另一方面，在活动进行期间跟进事项的完成情况。

活动推进表可以借助图表工具制作，主要包括以下制作步骤。

第一步，新媒体运营者需要计算活动周期并设计各阶段的时间。例如，某活动从 5 月 10 日开始，预计 5 月 23 日结束，其中包括筹备期、预热期、进行期及发酵期，可以在表中标出对应时间，见表 2-11。

表 2-11　某活动推进表

5/10	5/11	5/12	5/13	5/14	5/15	5/16	5/17	5/18	5/19	5/20	5/21	5/22	5/23
周三	周四	周五	周六	周日	周一	周二	周三	周四	周五	周六	周日	周一	周二
筹备期			预热期				进行期				发酵期		

第二步，新媒体运营者需要按照类别和事项的分类方式拆分相关事项，见表 2-12。

表 2-12 某活动相关事项

类别	事项
微信·发起	软文撰写
	客服话术
	软文推送
微博·推广	海报设计
	文案撰写
	广告投放
线下·推广	宣传单设计
	宣传单印刷
	宣传单散发
……	……

第三步，将前两步的内容合并，形成整体表单，见表 2-13。

第四步，设计各事项的执行时间及截止日期。

以上步骤完成后，可以得到一张活动推进表。这张表需要在活动筹备阶段的前一周完成，随后新媒体运营者根据该表跟进每一项工作的完成进度。

2. 借活动物料清单跟进相关素材

活动物料清单即活动所需的所有线上及线下物料，其关注点在"物"。梳理活动物料清单，主要是梳理两类物料：第一类是线上素材，包括文案、海报、视频、音频、账号内容等；第二类是线下物料，包括宣传单、条幅、手牌、贴纸、服装、道具等，新媒体运营者在理清所需物料后，需要将每一项物料责任到人，并标明完成期限，填入活动物料清单，见表 2-14。

在活动执行过程中，新媒体运营者需要跟进所有物料的完成情况，活动物料清单尽量每日更新。对即将超期的物料，新媒体运营者必须提前跟进并督促完成，防止发生物料延误的情况。

3. 用活动运筹表协调团队工作

活动运筹表之所以强调"运筹"，是因为该表单的主要使用者是新媒体活动运营的总负责人。借助该表，总负责人可以对参与人员进行统筹安排，以达到最合理的团队管理与调控目标。

实际上，活动运筹表是由活动推进表和活动物料清单提炼而成的，见表 2-15。一方面，活动运筹表包含活动推进表中的活动周期及各阶段的时间；另一方面，它也包含活动物料清单中的责任人、完成期限。活动运筹表的关注点在"人"，利用该表可以清晰地掌握活动团队每个成员负责的事项及进度。

表 2-13 整体表单

项目		5/10	5/11	5/12	5/13	5/14	5/15	5/16	5/17	5/18	5/19	5/20	5/21	5/22	5/23
类别	事项	周三	周四	周五	周六	周日	周一	周二	周三	周四	周五	周六	周日	周一	周二
		筹备期				预热期				进行期				发酵期	
微信·发起	软文撰写														
	客服话术														
	软文推送														
	海报设计														
微博·推广	文案撰写														
	广告投放														
线下·推广	宣传单设计														
	宣传单印刷														
	宣传单散发														

表 2-14　某新媒体活动物料清单

序号	物料	简要需求	责任人	计划完成时间	目前状态
1	微信公众号文案	含活动理念及活动规则	某某	5 月 13 日	已完成
2	微博文案	需要五天的活动宣传文案，每天发三条	某某	5 月 11 日	已完成
3	朋友圈海报	六种不同风格的海报	某某	5 月 14 日	已完成
4	预热视频	需要与微信公众号文案风格相符	某某	5 月 15 日	
5	推广账号	活动推出后，推广至其他平台的账号	某某	5 月 12 日	已完成
6	宣传单	16K，底色为蓝，含活动规则	某某	5 月 10 日	
7	条幅	0.7×8m，底色为红	某某	5 月 15 日	
8	服装	工作人员服装十套，志愿者服装五套	某某	5 月 7 日	
...	......		......	......	......

表 2-15　活动运筹表

项目	5/10 周三	5/11 周四	5/12 周五	5/13 周六	5/14 周日	5/15 周一	5/16 周二	5/17 周三	5/18 周四	5/19 周五	5/20 周六	5/21 周日	5/22 周一	5/23 周二
		筹备期			预热期				进行期				发酵期	
某某	宣传单	微信公众号文案				预热视频			宣传单散发					
某某	微博文案	推广账号	条幅设计		软文推送									
某某		海报设计			活动海报朋友圈等转发						广告投放			
......														

如果你是一个读书类微信公众号的负责人，打算开展一次"微信公众号留言，点赞前 5 名送书"活动，请尝试按照上述内容，设计三张执行表单。

（四）评估、总结活动

通过前期策划、中期执行、后期发酵，新媒体活动本身已经结束，但是相关工作还需要完成最后一个动作——总结，活动总结分为两个层面。数据分析，评估活动效果；复盘过程，提炼活动经验。

最后将复盘清单按照"经验"和"教训"进行归类和整理，并根据经验和教训，进一步写出对后续活动的建议，见表 2-16。通过复盘，新媒体运营团队的所有经验与教训都可以作为经验档案，留存于团队的资料库，作为下一次活动运营的参考。

表 2-16　某企业新媒体活动建议

类别	序号	事项	目标达成情况
经验	1	本次事项	早、中、晚的朋友圈海报设计不同的风格，可以更好地引起好友关注
		后续建议	提前设计三至五套朋友圈海报
	2	本次事项	微信公众号粉丝周五晚上的参与度远高于其他时间段
		后续建议	活动预热放在周三，正式开始的时间放在周五
教训	3	本次事项	部分合作账号引流能力有限，降低了活动效果
		后续建议	对于引流能力有限的账号，下次停止合作
	4	本次事项	公布获奖粉丝时忘记给出领奖方式
		后续建议	领奖电话、二维码等，一定要放在获奖海报上的明显位置
	5	本次事项	邀请好友转发朋友圈，忽略了转发语
		后续建议	应专门撰写朋友圈文案，邀请好友传播

如果一场活动以失败收场，原计划获取 1000 个新用户，结果只获取了 200 个新用户，那么这场活动有必要总结吗？为什么？

任务实施

向典型案例问经验。通过学习、分析整合策划与跨界活动的典型案例，更直观地理解新媒体活动运营的流程及关键环节。

任务步骤

步骤 1：阅读案例《跨界营销》。

2022 年 4 月 11 日，椰树集团发布微博表示，椰树和某品牌咖啡梦幻联合的新品"椰云拿铁"发布，"椰云拿铁"产品将加入椰树牌椰汁。该品牌咖啡同时也在微博与椰树集团进行了联动。

在此次联动正式开始以前，两个品牌在各大社交平台上的预热造势就已经展开。从本次新品官宣的时间线上看，正逢某品牌的"生椰拿铁"上市一周年之际，据该品牌咖啡官方数据，自 2021 年 4 月 12 日开始正式推广新品"生椰拿铁"，截至 2022 年 4 月 6 日，"生椰拿铁"的单品销量就超过了 1 亿杯，刷新了该品牌咖啡的新品销量纪录。在这样一个时间点，某品牌咖啡为何选择与椰树集团合作？又或者说，构成此次合作的基础在哪里？

椰树集团产品的市场认可度和消费者忠诚度非常高，且从椰树集团公布的业绩数据看，其产品销售业绩表现也十分出彩。

不难看出，椰树集团在椰汁产品各方面的稳定表现及市场影响力可以延长"椰汁＋咖啡"这一产品线的生命周期，并能够进行一定程度的品质背书。同时，有了椰树集团的品牌加持，也有助于强化某品牌咖啡的标签，构建消费者差异化认知，以便将该咖啡和市场中其他的同类型产品区分开。

而从椰树集团的角度看，与该品牌咖啡的合作不仅是基于产品层面上的创新，也体现了椰树集团瞄准更加年轻化的消费市场。

两个在各自领域取得傲人成绩的品牌，此次携手合作，目的是共同创造"1+1>2"的品牌宣传效应与品牌价值。

不难看出，两家企业的市场需求构建了本次牵手合作的基础，也促成了此次联名合作。

在有利的行业背景下，椰云咖啡的产品力让消费者期待不已。在产品创新层面，"椰云拿铁"加入了椰树椰汁，并通过多道工艺，最终推出此次联名的"椰云拿铁"。

步骤 2：椰树集团和该品牌咖啡的跨界营销策划方案多样，内容新颖，在新媒体运营过程中，具体在哪些平台上做了哪些跨界活动？起到了怎么样的效果？具体内容填写在表 2-17 中。

表 2-17　椰树集团和该品牌咖啡的跨界营销策划方案

序号	平台	跨界活动	效果

任务考核

同学们完成任务实训后，教师对同学们的实训情况打分并点评，相关内容填写在表 2-18 中。

表 2-18　任务考核表

序号	考核内容	分值	教师打分	教师点评
1	能理解新媒体运营的概念及重要性	20		
2	能掌握内容运营的核心环节	20		
3	能掌握内容设计和创作的技巧	30		
4	能从经典案例中学习成功之处	30		

任务4 产品运营策略

任务描述

假设公司要利用新媒体成功推出某产品，整个流程都需要运营，涉及产品运营、活动运营、用户运营、内容运营等。其中，产品运营是非常重要的一环，首先要从用户需求出发，收集用户行为数据和相关的问题反馈，不断了解用户痛点和需求，针对产品的各种细节进行优化和改进，以提升用户体验，并实现商业价值。

在今天的市场竞争中，产品运营已经受到越来越多企业的重视，那么，如何做好产品运营呢？

知识准备

新媒体运营，产品是根基。俗话说"巧妇难为无米之炊"，有了产品之后，企业才能围绕产品开展内容、用户、活动三个模块的运营工作。

（一）产品运营的概念

产品运营指的是从内容建设、用户维护、活动策划三个层面来连接用户和产品，并产生产品价值和商业价值的新媒体手段。此含义中的三个重要关键词是产品、连接及价值，理解产品运营的概念，实际上就是理解这三个关键词的含义。

1. 产品

互联网产品可以从狭义和广义两方面来理解。

1）狭义的互联网产品指的是独立开发的网站或软件，如计算机网站、计算机客户端、手机软件、游戏等。

2）广义的互联网产品可以更加细化，如企业入驻某平台后销售的商品或开发的功能，微信小程序、网易云课堂的课程等，都涉及产品开发、推广等环节，同样可以称为互联网产品。

2. 连接

产品运营者需要做好与用户、开发者、同一项目中其他事项运营者的连接，其日常工作也围绕这三方角色展开，见表2-19。

表2-19 产品运营者的日常工作清单

序号	具体工作	连接对象
1	挖掘用户需求	用户
2	倾听用户反馈	用户
3	产品测试	开发者
4	产品升级	开发者
5	用户意见反馈	开发者
6	推送产品软文	内容运营者
7	设计用户策略	用户运营者
8	策划产品活动	活动运营者

3. 价值

产品运营是企业新媒体运营的价值体现。新媒体运营者不能只关注活动人气、内容阅读量等数据，应该想办法吸引用户为产品买单，帮助企业实现营销目的。

课堂讨论

回忆一下：你为哪款互联网产品付过费？为什么会付费？

A. 微博

B. 美团外卖

C. 网易云课堂

D. 滴滴出行

E. 爱奇艺

F. 百度网盘

(二)产品运营的总体思路

了解用户的需求和体验痛点，是产品运营的首要任务。通过市场调研、数据分析、用户反馈等多种手段，了解用户对产品的满意度和产品自身问题所在，进而对产品的细节进行调整和优化。

1. 用户需求调研

新媒体运营者需要做好自我分析，依据自身业务特性、所运营的产品特色、所处经营阶段、用户画像等要素，综合定义运营的形式和经营策略，找准目标用户群体。要利用产品的特性制定出有针对性的运营手段，生产出贴合用户场景的优质内容，就要精准定位目标用户群体，了解他们的需求。

2. 运营策略制定

基于用户需求和市场状况，制定运营策略和方案，包括产品推广、用户增长、用户留存等。同时，也要考虑到企业自身的资源投入和收益预期。

在做好用户定位后，新媒体运营者就可以开启平台运行，如上线小程序，让用户尽快参与进来，那么如何评估用户的最终结果导向呢？小程序后台可以清晰地记录用户的行为轨迹，协助新媒体运营者记录详细的用户画像、采购行为，分析用户来源，完成售后维权等，让新媒体运营者理解用户的采购需求，为小程序的后期发展提供优化调整的数据支撑。

3. 产品设计与改进

针对用户反馈和市场需求，新媒体运营应不断对产品的功能、设计、体验等方面进行优化和改进，并不断测试、收集数据，以提高产品的用户满意度和商业价值。

4. 市场推广与运营

新媒体运营者通过多种渠道和手段，让更多的目标用户了解和使用产品。同时，需进行用户关怀和运营，提高用户黏性和留存率。

5. 数据分析和反馈优化

应通过数据监测和分析，及时发现用户的反馈和需求，有针对性地优化方案和解决问题。

6. 持续学习和改进

应不断跟进市场趋势和用户需求，持续学习产品运营理念和方法并完善自身学习体系，以提高产品的竞争力和用户满意度。

总之，产品运营作为一种全局性的运营模式，需要将用户需求和企业商业目标融合在一起，进行全方位的运营和协作，以不断提升产品价值和用户体验为目标，实现企业和用户共同发展。

（三）识别产品类型并匹配运营策略

新媒体产品运营，需要针对产品类型采取对应的运营模式，不过互联网产品没有固定的分类方法。

例如按照场景划分，可以将互联网产品分为出行类、社交类、工具类、电商类、内容类、休闲娱乐类等，见表 2-20。

表 2-20　按照场景划分的互联网产品类型

场景	互联网产品类型
出行类	滴滴出行、神州租车、中国铁路 12306、巴士管家、去哪儿网、携程旅行等
社交类	QQ、微信、百度贴吧、豆瓣、小红书、微博等
工具类	百度翻译、有道词典、有道云笔记、ChatGPT、剪映、美图秀秀等
电商类	淘宝网、京东商城、美团、大众点评网、饿了么、苏宁易购、拼多多等
内容类	今日头条、新浪、哔哩哔哩、起点中文网、微信读书、喜马拉雅 FM 等
休闲娱乐类	网易游戏、网易云、腾讯视频、暴风影音等
……	……

按照人群划分，可以将互联网产品分为学生类、职场人士类、女性类、老年类等，见表 2-21。

表 2-21　按照人群划分的互联网产品类型

人群	互联网产品类型
学生类	作业帮、小猿答疑、学习通、语音学习系统等
职场人士类	智联招聘、前程无忧 51job、钉钉等
女性类	穿衣助手、每日瑜伽（Daily Yoga）、美柚、美丽说、蘑菇街
老年类	老年大学在线课程、健康监测应用等
……	……

虽然产品类别划分的方法多种多样，但是在完成产品运营工作时，没有必要进行过于复杂的产品划分，一般将产品分为以下三大类即可。

1）独立产品，即企业独立开发且满足某项独立功能的产品，如墨迹天气、酷狗音乐等。

2）平台产品，即平台方开发后邀请企业或个体入驻的产品，如淘宝网、京东商城、网易云课堂等。

3）入驻产品，即入驻平台并提供商品、课程、咨询等内容的产品，如淘宝网的商品、京东电子书、抖店（抖音电商入驻平台）等。

一方面，独立产品和平台产品都属于需要开发与升级的互联网产品，在运营方面有大量相似之处，如都需要设立用户规则，都需要策划活动并引流等。

另一方面，平台类产品的运营策略需更加缜密，独立产品可参照平台产品的策略进行运营。因此，下面主要探讨平台产品及入驻产品的运营策略。

1. 平台产品的运营策略

平台产品（以下简称"平台"），指的是本身不销售产品、依托平台生态系统连接用户及产品提供者的网站或软件，典型的平台包括淘宝网、京东商城、喜马拉雅 FM、网易云课堂等。平台的价值在于连接，而连接的基础是人气。只有持续获取新用户、持续吸引新入驻、持续鼓励入驻者发布新产品或内容，才能稳步提升平台人气。为了促进人气提升，平台运营者应采取的运营策略包括规则引导、活动统筹、渠道搭建。

（1）规则引导　运营规则是平台运行的总纲领，清晰的规则能友好地引导入驻者和用户的行为，保障平台生态环境的稳定。例如，抖店就制定了清晰的平台运营规则，一方面将消费者在购物过程中可能遇到的问题提前说明，另一方面对商家开店、运行、退款、处罚等相关规则进行了具体描述（见图 2-13）。

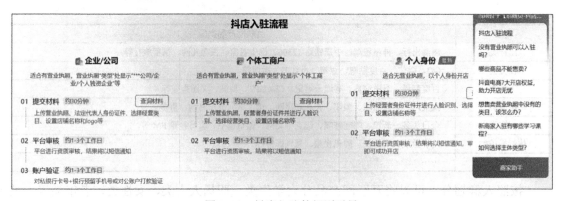

图 2-13　抖店入驻的规则引导

（2）活动统筹　虽然入驻平台的商家可以独立组织活动，但全平台所有商家的联动更容易引发用户和媒体的关注，更容易提升平台热度。

因此，平台运营者可以借助法定节假日或自创节日，组织全平台的联动活动。较为典型的平台活动例如："双 11""618""美妆节""全民充电节""年中大促""家装节"等。

（3）渠道搭建　为了获取更多流量，平台运营者需要设计流量矩阵并搭建引流渠道。

引流渠道包括官方平台、合作网站、合作自媒体、付费广告投放等。其中，引流效果较快的是付费广告投放，如投放在百度搜索页广告、腾讯广点通广告、视频广告等。

2. 入驻产品的运营策略

入驻产品指的是商家直接在平台注册账号后，上传到平台的产品。入驻产品又可以细分为实体类、内容类和应用类三大类别。

1）实体类入驻产品即通过淘宝网、京东商城等平台销售的衣服、食品、家电、书籍等有形实物。

2）内容类入驻产品即通过内容平台进行图文销售的产品，如"喜马拉雅"的专栏、"纳米盒"的课程，如图 2-14 所示。

3）应用类入驻产品即通过应用市场下载的产品，如 APP Store 的软件、微信小程序等，如图 2-15 所示。

a)"喜马拉雅"的专栏　　　　　b)"纳米盒"的课程

图 2-14　内容类入驻产品示例

a)APP Store 的软件　　　　　b)微信小程序

图 2-15　应用类入驻产品示例

入驻产品的运营策略是排名优化、口碑传播。

（1）排名优化　平台更关注流量，入驻产品更关注排名。平台官方运营团队通常会专门投入资金与人力，并想方设法提升平台流量；而入驻产品需要提升自身的排名将平台流量有效地引导至自己的产品页面。各大平台一般都具有搜索功能，而搜索功能就会涉及排名，产品排名越靠前，曝光效果越好。相关运营者需要在标题、描述、销量、评价四方面进行排名优化。

（2）口碑传播　入驻平台的团队以中小企业甚至个人居多，因此在产品运营过程中，如"花钱买流量"这类的高成本推广形式需要改为"口碑赢得用户"的形式。

需要特别强调的是，现阶段部分平台不提供全站搜索入口，比如微店等。入驻无搜索入口的平台，排名优化便失去了意义。此时，上述运营策略中的排名优化必须转变为吸引流量，其运营重点是为产品持续引入流量。

例如，东方优选（北京）科技有限公司的"东方甄选会员"公众号，其微店的主要引流方式是关注公众号，点击公众号下方的"甄选商城"即可直接进入微店，如图2-16所示。

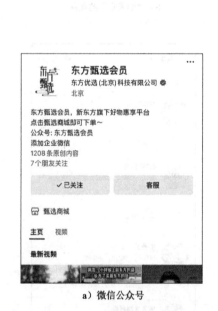

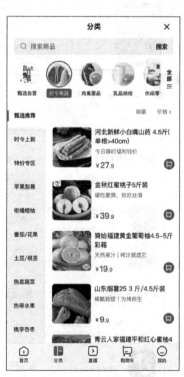

a）微信公众号　　　　　　　　　b）"甄选商城"界面

图2-16　"东方甄选会员"的引流方式

（四）调整产品运营重点

运营者往往希望互联网产品刚刚上线，销量便可以马上提升，但是几乎所有的互联网产品都会经历从诞生到衰落的过程，这个过程也被称为互联网产品生命周期。

互联网产品生命周期是指互联网产品的市场寿命，即互联网产品从进入市场开始，直到最终退出市场为止所经历的市场生命循环过程。互联网产品生命周期可以划分为五个阶段，即验证、启动、增长、稳定、衰落。由于互联网产品存在生命周期，因此产品运营不能采用"一招鲜吃遍天"的方式，而是需要在产品生命周期的不同阶段抓住产品的运营重点，见表 2-22。

表 2-22　产品生命周期的不同阶段的运营重点

产品阶段	产品运营重点
验证	产品模型，内部验证
启动	产品优化，口碑传播
增长	事件策划，渠道发力
稳定	促进活跃，提高转化
衰落	产品转型，用户导流

1. 验证阶段：产品模型，内部验证

没有用户需求的产品通常不会有好的市场表现。因此在产品正式上市之前，必须先进行产品模型验证，防止在正式开发后发现没有用户需求，浪费大量时间与资源。

产品运营者需要联合产品开发者，先用最短的时间开发出产品模型，即"最小化可行产品"。"最小化可行产品"的概念最早由美国作家埃里克·莱斯在其创业学著作《精益创业》中提出。与常规产品不同，"最小化可行产品"更侧重于对未知市场的勘测，即用最小的代价验证产品的可行性。

"最小化可行产品"开发完成后，运营者需要邀请用户试用，收集用户反馈，并进一步根据用户反馈对产品优化调整；对于毫无用户需求的产品，可以在内部二次讨论，决定是否继续开发。

2. 启动阶段：产品优化，口碑传播

互联网产品的启动阶段指的是产品完成最初版本开发并上线的过程。启动阶段需要产品运营者重点完成以下两件事。

第一，产品优化。任何一款产品都不可能达到完美，因此产品运营者必须全面接触用户，收集用户反馈并发至开发者处，请其尽快做出调整。

第二，口碑传播。由于启动阶段的产品尚处于"不完美"时期，如果在此时进行大规模推广，很容易导致用户大量流失。因此，该阶段需要产品运营者在没有推广的情况下设计传播环节，引导用户自发推荐给其他用户。

3. 增长阶段：事件策划，渠道发力

经过验证阶段和启动阶段的验证与优化后，产品进入正式推广期，进入增长阶段。

增长阶段需要产品运营者想方设法获取新用户：一方面围绕产品策划相关事件，进一步提升产品知名度，提升产品人气；另一方面在多渠道发力，扩大产品的用户基数。

增长阶段的事件策划指的是产品运营者围绕产品策划相关事件，引起媒体和消费者关注，以求提高产品的知名度。

增长阶段的渠道发力指的是产品运营者充分挖掘可以为产品引流的渠道，增加产品曝

光量。可以用于产品宣传的常见渠道如下：

1）企业官方平台，如官方网站、官方微博、官方微信等。

2）合作平台，如行业论坛、行业微信公众号等。

3）付费广告，如百度广告、微博广告、论坛广告位等。

需要强调的是，增长阶段的渠道发力不局限于线上渠道，也可以尝试传统的线下推广。

课堂讨论

回忆：在线下是否有人曾邀请你扫码下载软件或者关注公众号？你是否扫码？

4. 稳定阶段：促进活跃，提高转化

增长阶段的重点工作是"拉新"，而稳定阶段的重点工作变成了"促活、转化"。

5. 衰落阶段：产品转型，用户导流

在衰落阶段，可能因为产品本身更新迭代慢，用户在经过了产品新鲜感后有可能逐渐放弃使用该产品，产品自然就进入衰落阶段。

进入衰落阶段，产品运营者不能无动于衷，而需要采用积极的手段减少损失。如果在现有的产品基础上还可以进行开发与调整，那么可以尝试做产品转型，迎合用户的新需求。

如果原有的产品形态已经无法继续开发，转型也无从下手，则需要开发另一款产品，将现有产品的用户引导到新产品或新平台上。

任务实施

确认产品的生命周期后制定运营策略。

学会识别产品类型，能够匹配相适应的运营策略，并且能够根据产品生命周期确定该阶段新媒体运营的重点。

任务步骤

步骤 1：了解任务背景。

某公司的主要产品是 PC 端的购书网站，随着网站流量的下降，该公司在微信公众号开发了"线上购书"的功能，并计划关闭 PC 端网站，在移动端集中发力。如果你是网站新媒体负责人，结合本任务中讲述的产品生命周期的五种方式，你打算如何进行用户导流？

步骤 2：识别产品类型，匹配、确定产品运营的策略，如图 2-17 所示。

图 2-17 产品运营的策略

步骤 3：确定产品"线上购书"目前处于哪一个生命周期阶段。

步骤 4：确定产品导流可以采用的具体方式。

任务考核

同学们完成任务实训后，教师根据学生的实训情况为同学们打分并点评，并完成表 2-23。

表 2-23　任务考核表

序号	考核内容	分值	教师打分	教师点评
1	能够理解产品运营的概念	20		
2	能够识别产品类型，能够匹配不同的运营策略	20		
3	能够理解产品会处于不同的生命周期阶段，不同的阶段有不同的运营策略	30		
4	能够灵活运用产品导流的不同方式解决实际问题	30		

任务 5　新媒体运营的商业变现

任务描述

新媒体运营的最终目标是将创意和社交互动转化为经济效益。假如价值无法变现，再有趣的新媒体运营也只能是自娱自乐。尽管无数新媒体以形形色色的方式取得了商业上的成功，但是更多的新媒体运营者却迟迟找不到方向。为此，应该了解一下新媒体运营的主要商业变现模式？

知识准备

（一）变现模式一：承接 KOL 广告业务

KOL 是 Key Opinion Leader 的英文缩写，意思是"关键意见领袖"。KOL 营销是新媒体时代的一种新兴盈利模式，它指的是以在特定领域拥有较大号召力的关键意见领袖为桥梁，把自有品牌、产品与目标受众连成一体，并且经常保持互动。

目前，广告依然是社交媒体最主要的盈利模式。新媒体运营者代替广告主进行 KOL 营销是一条合作双赢的道路。广告主需要用户和流量，新媒体运营者需要资金，两者可以用"以其所有易其所缺"的方式，实现资源的优化配置。

站在新媒体运营者的角度看，KOL 广告业务是重要的创收渠道。新媒体平台的人气源于新媒体运营者与用户之间的频繁互动和高效沟通，这也让广告创收受到了一定的制约。假如植入广告的比例过大，用户就会开始产生不愉悦的情绪，进而流失。如何在接受 KOL 广告业务的同时不破坏用户的社交体验，是这种盈利模式成功的关键。

随堂练习

写下你今天上网看到的 5 个网络广告，并记录相关数据，完成表 2-24。

表 2-24　广告记录

广告名称	发布平台	广告内容	广告时长

知识讲堂

互联网的传播速度让广告效果远超从前，新媒体的社交属性又使其成为一个天然的优质广告平台。但社交媒体的广泛应用使得互联网呈现出"去中心化"的趋势。每一个新媒体广告激起的波纹都会被其他新媒体广告抵消一部分影响力，这让广告的传播效果无法达到理论上的最大值，这是一场不容回避的用户注意力争夺战。

（二）变现模式二：免费增值与付费服务

前几年被热议的"互联网思维"中有一个重要的概念是免费思维。所谓免费思维，并不是真的什么内容都不要钱，而是在某些环节让利给用户。商家所做的一切免费的事，都是为了让用户感觉到物有所值、物超所值。由于用户得到了很多优惠，于是更加频繁地在新媒体平台上活动，因此这个平台的流量也变得越来越多。长此以往，这个平台的利益相关者的产品就会获得更多的价值。

当然，新媒体运营者提供免费服务需要足够的资本作为支撑，不能花费过多的时间和资金，因为被免费内容吸引而来的用户，并不会百分之百地转化为忠实用户。此外，如果产品和服务本身缺乏亮点，即使免费也无法吸引用户。

（三）变现模式三：粉丝影响力变现

新媒体运营需要长时间的维护，成本看似不大，实则不可忽视。假如新媒体运营者徒有庞大的粉丝队伍，却得不到适当的激励，迟早会心生倦怠，后继乏力。要打造一个新媒体品牌，光靠热情是远远不够的，还得让新媒体运营者获得足够的收益。企业的新媒体部门有公司财政作为后盾，缺乏资金的个人则需要另谋出路，最主要的思路就是粉丝影响力变现。

关于新媒体的粉丝影响力变现思路，主要包括以下几类。

1. 形成品牌效应

假如新媒体运营者在某个领域的知识水平足够丰富，就可以考虑专攻某个领域，成为整个行业中的知名人物，新媒体运营者可以凭借绝对的实力获得声望，从而形成业内公认的知识品牌。在品牌效应的吸引下，企业会提供资金支持，广大粉丝也会主动帮助新媒体运营者宣传这个新媒体平台。

2. 成为网络红人

"网红经济"早已是新媒体产业中的常见现象。网络红人自带明星光环，拥有的粉丝数量不容小觑。具有网络红人身份的新媒体运营者可以凭借强大的粉丝基础来拓展各种业务。粉丝也愿意通过各种方式来助力自己喜欢的网络红人，令其提升变现能力。

3. 连载原创作品

有的新媒体运营者不擅长营销，却有着出色的原创能力。他们可以在新媒体平台或各大文学网站上连载原创作品，不断积累人气，进而得到出版社和影视公司的青睐。假如能写出热门作品，新媒体运营者就能打通多个内容运营渠道，通过版税与授权改编来获取收益。

4. 开辟服务渠道

当新媒体平台的粉丝积累到一定规模时，新媒体运营者可以认真调查一下粉丝的消费偏好和实际需求。这样做是为了开辟服务渠道，把大量粉丝转化为消费者。新媒体运营者为粉丝提供优质服务，粉丝则购买自己认可的产品或服务。

5. 推广自己的产品

新媒体运营者自己开发的产品，应该在平台上好好宣传。因为与粉丝的良好互动，粉丝对新媒体运营者已有较高的信任度，因此在产品质量相同的情况下，粉丝会选择新媒体运营者的产品。当然，新媒体运营者也不宜过多进行广告宣传，避免让粉丝产生疏离感。

6. 招募付费会员

随着粉丝规模的不断壮大，新媒体平台会逐渐形成一个属于自己的社群。新媒体运营者可以通过经营社群来扩大人气，招商引资。为了让社群更有凝聚力，新媒体运营者可以采取招募付费会员的方式，把少数开发潜力较大的人员纳入社群高层。

7. 组建商业联盟

仅凭单独一个自媒体是很难独力完成新媒体营销工作的。所以，不少新媒体运营者会寻找广告主、其他自媒体与各类公司进行合作，组建一个商业联盟。此举旨在借他人长处弥补自己的短板。

8. 进驻交易平台

有的新媒体运营者进驻了交易平台网站，朝电商化方向发展。这也是粉丝影响力变现的一个重要思路。

上述几种粉丝影响力变现的思路各有长处和短处，新媒体运营者应该学会从实际出发，选择因地制宜的经营策略，避免误入急功近利的歧途。

（四）变现模式四：打造品牌内容

新媒体行业曾经认为传统媒体"内容为王"的理念已经过时了，认为如果传播渠道好，再普通的内容也能成为焦点，但随着行业的发展，人们渐渐意识到大众对优质内容的需求超乎想象。打造优质内容一直是新媒体运营者的核心竞争力，当自己的内容形成了一个特色鲜明的品牌时，新媒体运营者将获得更好的发展前景。

例如，故宫打造新媒体品牌效应，开展的宣传工作有很多，比如各类纪录片、故宫文创、化妆品、角楼咖啡等，借助新媒体营销思路，线上销售效果超出预期。打造自媒体矩阵，持续获取流量。故宫频频推出爆款产品，其中有其强大的自媒体矩阵持续输出内容，获取了大量流量。在营销层面，自媒体的性价比较高。凭借互联网、移动互联网的渗透效应，自媒体有利于实现最大化的开发潜在客户，打造 IP 效应，实现跨界合作。

品牌营销已和以往形式大不相同，相比于单一讲述品牌故事，现在更趋向于利用角色来打动用户，联合 IP 上演跨界营销越来越被市场接受，故宫就是一个很好的例子。在移动端，产品借力 IP 实现跨界合作，往往能达到更好的效果。

随堂练习

选出你最喜欢的 5 个品牌，找到其官方微博或微信公众号，然后记录其最新的一篇长文章标题，完成表 2-25。

表 2-25　品牌的文章记录

品牌官方微博或微信公众号名称	最新的文章标题

素养小课堂

在新媒体时代，新媒体运营者面临的最大挑战就是"别人比自己有特色"。每一个自媒体都有可能产生大公司的专业策划人士意想不到的新创意。也许，这些新创意只是一些低成本的微创意，但持续不断的微创意已经足够形成品牌内容，吸引一群兴趣相投的人，培育出一个新的细分市场。

（五）变现模式五：共享新媒体平台

共享信息和资源是互联网的基本精神之一。互联网打破了很多传统行业的壁垒，让很多闭门造车的企业不得不做出改变。新媒体的兴起进一步强化了这股"共享"浪潮。社交平台的高度普及，使得人们越来越习惯把自己的动态和资源分享给自己的好友。久而久之，"共享"也演变为一种效益巨大的商业模式。

打造共享型互联网平台是新媒体营销的一种重要盈利模式。新媒体运营者根据合作商的要求来提供个性化广告服务，把各种内容生产者提供的优质内容分享给广大用户。一方提供平台，一方输送内容，发挥各自的长处，通过共享用户流量来提高自己的品牌影响力。

但是，回报率和风险率往往是成正比的。共享平台每天向广大用户提供多元化、大规模的信息，难免会出现一些纰漏。假如新媒体运营者对此掉以轻心，这些纰漏就会给共享平台带来沉重的打击。为此，新媒体运营者在执行共享经济路线的时候，必须注意规避以下问题。

第一，注意保护原创者的版权，坚决抵制盗版和抄袭，不让这些人窃取本该由原创者获得的声誉和收益。

第二，在转载自媒体的优质内容前应该主动申请授权。

第三，随着平台规模的不断扩大，企业必然要组建更多的运营团队来维护各个频道的共享内容，以确保发布内容的整体质量。

第四，加强各组运营团队的管理，避免出现破坏整个共享平台信用的问题，造成合作者大量流失的窘境。

 任务实施

从典型案例中直观了解变现商业价值的能力。

通过对典型案例的分析、学习，更直观地了解新媒体运营商业变现的五种方式，掌握变现商业价值的能力。

流量变现模式创新与实践案例

任务步骤

步骤 1：阅读下述案例《QQ 的盈利模式》。

腾讯集团早年依靠 QQ 免费的策略争取了庞大的用户资源。后来腾讯集团高层打算提高盈利水平，开始对一些免费项目收费，但是收到的效果并不好。尽管用户习惯了使用腾讯的产品，但是他们更习惯免费获得这些产品。一时间，QQ 用户大量流失。腾讯集团高层见状立即调整策略，这才避免了客户进一步流失。

经过反思，腾讯集团采取免费增值和付费服务相结合的发展思路。免费服务继续，以求吸引大量的潜在用户，形成竞争优势。与此同时，腾讯集团不断增加新的 VIP 服务项目，引导用户付费购买更多的特权。QQ 游戏、QQ 秀、黄钻、腾讯视频、腾讯动漫等，都是在免费的基础上给用户提供各式各样的增值服务。

免费最终是为了收费，但这势必会引起一些争议。新媒体运营者在开启收费服务的时

候需要注意疏导舆论。一方面，要提供足够优质的内容，让用户觉得物有所值；另一方面，可以坚持"鼓励原创，保护原创"原则，让用户认为自己付费阅读优质内容有益于推动整个内容产业良性发展。此外，新媒体运营者可以灵活设计付费方式，合理分配免费服务与付费服务的比例，让这种盈利模式平稳运行。

步骤2：回答以下问题。

1）新媒体为什么要提供大量免费服务？

2）如何让习惯使用免费服务的用户接受付费服务？

任务考核

同学们完成任务实训后，教师根据学生的实训情况为同学们打分并点评，完成表2-26。

表2-26　任务考核表

序号	考核内容	分值	教师打分	教师点评
1	了解新媒体的五种变现模式	20		
2	厘清新媒体运营变现的具体思路	20		
3	能够分析典型案例的成功之处	30		
4	能够实现新媒体运营变现的经济价值和社会价值的统一	30		

项目 3

图文类新媒体运营

 学习目标

> ◎ 知识目标
- ➲ 了解图文类新媒体的特点和分类；
- ➲ 掌握图文类新媒体平台内容创作的要求；
- ➲ 掌握图文类新媒体平台内容创作时常用的软件操作。

> ◎ 能力目标
- ➲ 能基于产品和平台完成图文内容创作；
- ➲ 能运用图文类新媒体平台常见的运营推广方式。

> ◎ 素质目标
- ➲ 培养精益求精的互联网工匠精神；
- ➲ 培育创新意识，发扬创新精神；
- ➲ 树立文化自信，弘扬传统文化。

知识结构图

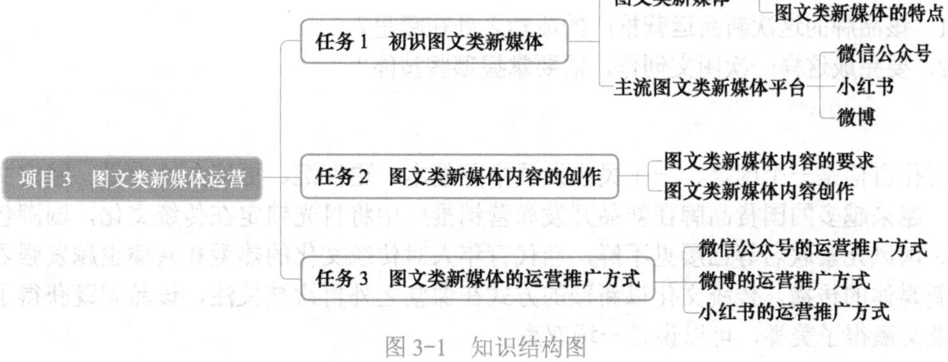

```
                                                              ┌─ 图文类新媒体的概念
                                          ┌─ 图文类新媒体 ─────┤
                                          │                  └─ 图文类新媒体的特点
                  ┌─ 任务 1  初识图文类新媒体 ─┤
                  │                       │                  ┌─ 微信公众号
                  │                       └─ 主流图文类新媒体平台 ─┼─ 小红书
                  │                                          └─ 微博
项目 3  图文类新媒体运营 ─┤
                  │                                          ┌─ 图文类新媒体内容的要求
                  ├─ 任务 2  图文类新媒体内容的创作 ──────────────┤
                  │                                          └─ 图文类新媒体内容创作
                  │                                          ┌─ 微信公众号的运营推广方式
                  └─ 任务 3  图文类新媒体的运营推广方式 ───────────┼─ 微博的运营推广方式
                                                              └─ 小红书的运营推广方式
```

图 3-1 知识结构图

这杯「荔」，想请东坡先生喝

2023年5月，某奶茶品牌推出季节限定新品——三款荔枝系列的饮品，该系列饮品的宣传图文通过品牌微信公众号发布，并将产品与北宋著名文学家苏轼联动，以此为灵感进行了内容创作，其中不仅包含商品介绍和活动宣传，还对苏轼及其作品进行了创意性的介绍，如图3-2所示。

图3-2　某奶茶品牌微信公众号新品推广

此篇内容将品牌产品与传统文化融合并进行创作，以此作为关注点宣传营销产品。内容一经发布，获得了用户的良好反响，不仅一举打响了新品的知名度，而且在一定程度上宣传了中华文化。此外，品牌方还在评论区开展了一场"分享苏轼诗句，掌柜请你喝东坡饮"的互动抽奖活动，引发了用户热烈的互动，在评论区里，用户纷纷写下苏轼的诗句参与抽奖。

1. 该品牌的这次新品运营推广的成功之处在哪里？
2. 要完成这样一次图文创作，需要掌握哪些技能？

文化自信是一个国家、一个民族发展中更基本、更深沉、更持久的力量。坚定文化自信，越来越多的国货品牌在新品开发和营销推广中将目光锁定在传统文化，国潮包装设计、国风元素联名等已屡见不鲜，当代青年人对传统文化的热爱和兴趣也越发强烈。通过新媒体的传播，传统文化以新颖的方式在课堂之外再次被关注，该品牌既获得了经济效益又赢得了美誉，可以说是一场双赢。

任务 1 初识图文类新媒体

任务描述

图文类新媒体是新媒体中最早出现的类型之一，也是经久不衰的一种新媒体类型。之所以经过时间的考验依然广受网友们的喜爱，是因为文字和图片有着独特的魅力和不可替代性。新媒体运营者在工作中也势必会接触到图文新媒体，因此首先需要了解图文类新媒体的特点和运营方式。

知识准备

图文类新媒体作为最早的新媒体类型之一，有着庞大的用户体量，微信公众号、微博、知乎、小红书、今日头条、百家号、豆瓣等都属于主流的图文类新媒体。

（一）图文类新媒体

1. 图文类新媒体的概念

图文类新媒体是指在内容创作上以图片、文字或图片加文字的形式为主的新媒体平台。

2. 图文类新媒体的特点

图文类新媒体创作的作品，主要是以文字和图片的方式向用户传递信息，图文的结合给用户提供了广阔的想象空间，对于爱好阅读的用户来说，会更倾向选择使用图文类型的新媒体。

但由于生活节奏变快、短视频形式的流行等因素影响，对一部分用户来说，图文类新媒体发布的内容已较难引发他们的兴趣，难以集中注意力、容易令人疲惫。不过随着自媒体表现形式的多样化发展，用户在收取互联网信息时也有了更多的自主选择权，而图文类新媒体也有其不可替代的优势：

1）进入门槛低，适合相关行业新手；

2）技术手段要求不高；

3）创作难度相对较低；

4）受众黏性较强。

（二）主流图文类新媒体平台

1. 微信公众号

微信公众号是指在微信公众平台上注册并获得授权的媒体账号，它可以为企业、组织、个人等提供微信公众平台的服务。在这个移动互联网时代，微信公众号已经成为企业、组织、个人品牌宣传、粉丝营销、内容传播等的重要渠道。

（1）微信公众号的分类 微信公众号可分为订阅号和服务号两种类型。订阅号主要发布资讯类信息，如新闻、娱乐、科技等；服务号用于企业的服务推广和交互式应用，如客服、支付、预订等。

订阅号与服务号之间的区别在于，订阅号每天只能推送一条信息，而服务号虽然 1 个月只能推送 4 条内容，但可以与用户进行更为频繁的互动，包括自定义菜单、自动回复、群发消息等。服务号还可以通过微信支付、微信红包等功能实现商业变现，因此在商业应用上更加灵活。如图 3-3 所示。

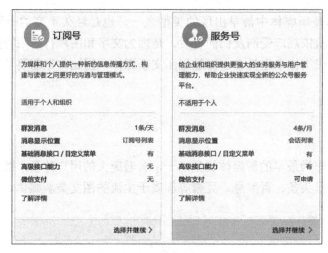

图 3-3　订阅号与服务号的区别

（2）微信公众号的优势　微信公众号的优势见表 3-1。

表 3-1　微信公众号的优势

用户基础广	目前，微信在全球拥有超过 10 亿用户，而其中很大一部分用户会使用微信公众号功能。通过微信公众号，可以快速建立起与用户的联系，让用户看到自己的内容创作
成本较低	微信公众号收费较低，企业和个人公众号认证费仅需 300 元 / 年
易于传播	微信公众号可以发布的信息类型多种多样，如图文、视频、音频等，而且可以分享到朋友圈、微信群或其他平台，也可分享给微信好友
互动性强	微信公众号的自动回复功能可以满足用户的实时需求，增强用户黏性，可以采用投票、问卷调查等方式与用户互动，帮助企业了解用户需求，优化产品和服务

（3）微信公众号运营　微信公众号的运营需要进行多方面的规划和落实。首先，需要确定微信公众号的目标受众和宣传内容，进而制定出相应的推广计划。其次，需要不断更新微信公众号内容，增加用户黏性，包括发布原创内容、与用户互动、定期推送信息等。最后，随时关注用户反馈，及时回复和处理用户留言，提高用户体验。

除此之外，微信公众号的推广也非常重要。可以通过线上和线下多种方式进行推广，如通过微信群、微信朋友圈、微信广告等方式吸引用户关注。

2. 小红书

从 2022 年小红书用户画像数据来看，小红书的月活用户（活跃用户）超 2 亿，分享者（创作者）达 4300 多万人。虽然年轻化、消费能力强依旧是这一平台用户的重要特征，但各年龄段和大量男性用户的入场也让小红书成为最主流的图文新媒体之一。

（1）小红书的优势　小红书的优势见表 3-2。

表 3-2　小红书的优势

用户体量大、黏性高	小红书不仅用户体量超过 3 亿，活跃用户数量更超过 2 亿，每日曝光超 30 亿次
美感度高	相比其他平台，小红书的内容整体呈现具有美感、高颜值等特点，同样对比其他平台的视频整体质量，小红书上无论是图片还是视频，都有更高的视觉美感
人群优质	小红书的核心用户群体为 90 后，占 72%；性别分布中，女性用户达 70%，这意味着用户人群年轻化。尤其美妆、美食、穿搭、宠物等类目的商品和服务，非常适合在小红书进行运营推广
推广方式全面	小红书的推广内容主体为用户分享、博主测评等，支持店铺运营、品牌账号吸粉等较全面的推广形式

注：数据为"小红书数据分析报告 2023"统计所得。

（2）小红书的运营　大数据应用是小红书的一大特色，根据用户阅读习惯和兴趣精准推送，让用户打开小红书就能找到自己感兴趣的内容。因此在小红书的运营方面，找准定位和方向是至关重要的。

表 3-3 为小红书的几种运营推广模式。

表 3-3　小红书的几种运营推广模式

品牌号运营	博主广告植入 一般常见有好物分享、探店等形式	热点推荐 制造话题引流

3. 微博

与其他新媒体平台相比，微博依然是很多用户关注事件的重要信息来源，"媒体"是微博商业模式的核心，一个品牌要想扩散影响力，新浪微博依然是社会化营销的重要平台。

微博一般指新浪微博，这一品牌培育了用户的使用习惯，建立起了非常高的竞争壁垒。因此，尽管各类新媒体平台不断崛起，微博始终在新媒体平台中占据一席之地。

（1）微博的优势　微博的优势见表 3-4。

表 3-4　微博的优势

信息发布便捷	微博的信息发布方式简便，能让新媒体运营者节约很多时间和成本
内容形式丰富	微博平台本身采用了多媒体技术，可以以文字、图片、视频、音频等形式发布内容
裂变功能强大	微博的部分信息是通过博主的粉丝来扩散的，容易通过裂变式传播产生广泛的影响力，而且微博的一键转发功能，可以使微博内容在短时间内快速传播
用户覆盖面广	截至 2023 年第三季度，微博的月活跃用户数量达到 6.05 亿，其中 16—22 岁年龄段的年轻用户超过了 1.3 亿

（2）微博的运营　由于微博特有的"媒体"属性，一直是知名品牌运营的主要阵地，尤其

在新品、新系列发布之时，品牌方会通过微博进行造势，以达到在短时间内被大众认知的目的。

微博的运营包括搜索推荐、热搜话题、资源位推广、互动活动、KOL 联动等方式。

案例分析 >>>>

某手机品牌推出新品，通过微博进行一系列造势推广等运营活动，见表 3-5。

表 3-5　某手机品牌微博运营活动

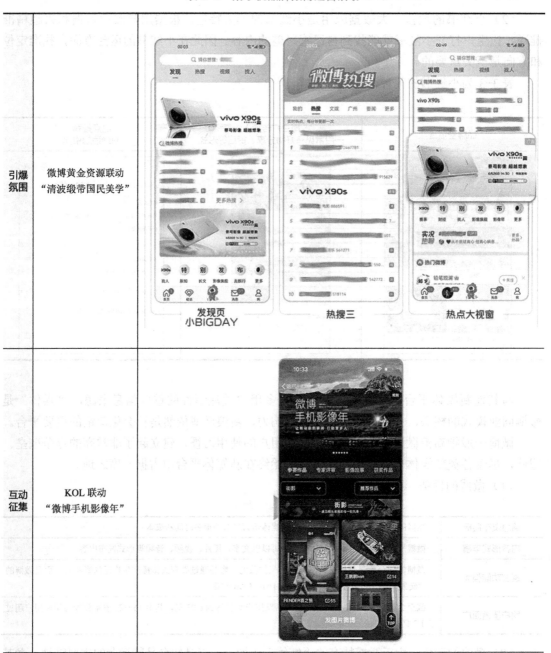

引爆氛围	微博黄金资源联动"清波缎带国民美学"	发现页 小BIGDAY　热搜三　热点大视窗
互动征集	KOL 联动"微博手机影像年"	

（续）

捆绑热点	抓住"香港旅行"等热点软性植入广告	
流量收割	深度拦截潜在用户	

✍知识小测试

1. （单选题）下列不属于图文类新媒体的是（　　　　）。

   A. 微博
          B. 抖音

   C. 知乎
          D. 小红书

2. （多选题）下列属于微信公众号特点的有（　　　　）。

   A. 用户基础广
       B. 成本较低

   C. 易于传播
       D. 互动性强

3. （问答题）你最常用的图文类新媒体是什么？它有哪些方面吸引了你？

 素养小课堂

    新媒体运营是一个充满创造力的岗位，需要运营者与时俱进，紧跟时事热点潮流，不断发挥创新意识，构思新的运营思路；同时又要恪守正道，不做虚假、夸大的宣传营销，坚持守正创新的工作理念。

任务实施

1. 发现图文类新媒体的运营案例

    搜集不同图文类新媒体平台运营的案例，分析使用的方式和内容上的创意。掌握主流图文类新媒体平台的特点，了解图文类新媒体的不同或共同的运营方式或手段。

任务步骤 ⊙

    以小红书、微博、微信公众号为例。各平台的搜索入口如图 3-4 所示。

    步骤 1：打开小红书 APP，从开屏、发现（推荐）、搜索、标签等各个入口搜集不同品牌、企业、店铺的营销活动，观察、分析新媒体运营者使用的创作手段、营销方式等，并进行归纳。

    步骤 2：打开微博 APP 或微博网页版，从开屏、发现（推荐）、搜索、热搜榜单、热门话题等各个入口搜集不同品牌、企业、店铺的营销活动，观察、分析新媒体运营者使用的创作手段、营销方式等，并进行归纳。

    步骤 3：打开微信 APP，在搜索栏搜索微信公众号，观察不同品牌、企业、店铺的微信公众号，了解活动、阅读文章，并观察、分析新媒体运营者使用的创作手段、运营推广方式等，并进行归纳。

    步骤 4：在互联网搜集 3 个以上不同图文类新媒体平台的运营案例，分析相关内容并填写在表 3-6 中。

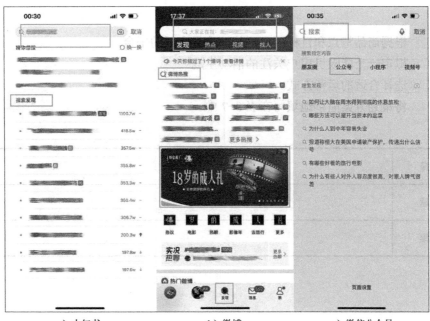

a）小红书　　　　　　　b）微博　　　　　　　c）微信公众号

图 3-4　各平台的搜索入口

表 3-6　运营案例分析

平台	案例介绍	运营手段	平台特点

2. 图文类新媒体平台营销策划

　　根据自己对图文类新媒体的了解，为商品策划一场图文类新媒体运营活动。进一步掌握图文类新媒体运营的手段、方式，能根据商品选择合适的平台，并完成一次策划活动。活动所需商品图片如图 3-5 所示。

图 3-5　活动所需商品图片

任务步骤 ⊙

步骤 1：根据商品特点和目标用户群体，选择合适的平台。

步骤 2：拟定一个能吸引用户关注的活动主题。

步骤 3：选择合适的运营方式。

步骤 4：将策划方案简单地填写在表 3-7 中。

表 3-7　新媒体平台策划方案表

平台选择	
活动主题	
营销手段	

任务考核

同学们完成任务实训后，教师根据表 3-6 和表 3-7 填写的情况为同学们打分并点评，相关内容填写在表 3-8 中。

表 3-8　评分表

序号	考核内容	分值	教师打分	教师点评
1	是否搜索到 3 个及以上图文类新媒体平台上的运营案例	20		
2	是否对运营案例进行分析、归纳	30		
3	是否能针对商品选择合适的平台和运营手段	50		

任务 2　图文类新媒体内容的创作

任务描述

图文类新媒体的魅力就在于内容，无论运营一个成功的账号，还是打造一篇有爆点的文章，优质的内容创作是根本。因此新媒体运营者在运营图文类新媒体时需要学会创作内容，其中包括文案的写作和图片的制作，将两者整合，才能完成一篇完整的图文内容。

知识准备

要使用图文类新媒体进行内容创作，新媒体运营者需要具备一定的文案编写和图片制作能力，虽然与传统的美编、设计师、剪辑师相比，并不一定需要高超的制作水平，但需要掌握相应软件的操作技术，在此基础上，进行图文等内容的创作。本任务内容以小红书作为实际使用平台列举实例。

（一）图文类新媒体内容的要求

随着生活节奏变快以及智能手机的普及，很大一部分人获取信息的方式变成了手机，而浏览信息的速度也变快了。因此新媒体时代对内容的要求除了精致、丰富、有内涵，还有能抓住潜在的用户。

1. 有吸引力，内容引人注意

一篇内容优质的文章，往往从标题开始就已经成功吸引了用户，因为标题能有效地吸引流量，吸引用户阅读文章内容。

表 3-9　爆款标题

标题类型	爆款标题
数据化表达标题	90% 的人都不知道的护肤误区，你中招了吗？
共鸣型标题	逃离城市计划丨误入人间仙境！
教程型标题	6 个万能姿势，探店打卡随便拍都出片
反思型标题	从一件小事，看现代人生活态度的转变
分享型标题	大学生特种兵挑战极限 24 小时吃遍……
新闻热点型标题	世界杯期间，这些足球美食你 get 了吗？

表 3-9 列举的是小红书平台上常见的爆款标题，在用户快速浏览信息的过程中，很容易抓住人们的好奇心理，吸引用户点击文章，从而获取流量。当然，过度夸张和不切实际的标题也容易引人反感。

除了文章标题，文章的封面图也是抓人眼球的重要一部分，封面既要契合文章主题，又要具备美感和吸引力。

如图 3-6 所示，使用了拍摄精美的图片配上醒目的文字简介，画面丰富且有层次感，能引人注意；图 3-7 则是直入主题，使用了一张极具吸引力的美食照片作为封面，看似简单，但可以看出，拍摄图片时作者在构图上花了不少心思，才能拍出如此有食欲的照片。

图 3-6　小红书文章封面图
（精美图片＋醒目文字）

图 3-7　小红书文章封面图
（直接使用美食照片）

2. 有网感，内容紧抓热点

新媒体时代的内容不宜过长，在短视频当道的时代，想要用图文留住用户，文案内容必须充实而有趣，篇幅不宜过长让人产生疲劳厌倦感，同时使用流行元素或当下热门话题的表达方式将有用的内容传达给用户。图3-8所示为创作有网感的小红书文章。

图 3-8　如何创作有网感的小红书文章

图 3-9　某奶茶品牌创作的小红书文章

在图3-9中，文案简洁且富有诗意，并搭配emoji（表情符号）使用，用户能迅速地获取有效商品信息，吸引潜在消费者关注。

3. 审美性，令人赏心悦目

新媒体时代竞争激烈，同样的主题、内容，可能有成百上千的创作者在创作，因此视觉营销必不可少，需要内容创作者掌握一定的图片处理技术，设计出有美感的图片并有效排版更容易在同类作品中脱颖而出，在潜移默化中引发用户的好感。

在图3-10和3-11中，景点照片使用图像处理软件进行美化处理后搭配引人关注的文案，创作成旅游景点推荐文章，有机会将景点打造成爆款，但需要注意的是，新媒体运营者要适度使用图像处理软件，避免因为图片失真而适得其反。

图 3-10　小红书图片美化

图 3-11　小红书文案创作

4. 营销性，把握用户心理

新媒体运营的最终目的是变现，因此内容的运营导向性至关重要，在文字和图片里加入运营信息是图文类新媒体内容创作，并使之成为创作的一部分，是新媒体运营者需要重点关注的问题。

（二）图文类新媒体内容创作

图文类新媒体平台的创作内容以图片和文案为主，因此在创作之前，新媒体运营者需要掌握一定的图片处理和图片制作能力。相比起专业的设计师、美编，对新媒体运营者在这方面的技术要求相对不高，因此可以针对工作的需求，选择合适的软件或 APP 进行图片处理或制作。

1. Photoshop（PS）

PS 是使用最广泛的图像处理软件之一，操作简单、容易上手，适用于各种图片的美化和制作，也可以制作简单的动态图片。

以"新中式帽饰"为主题，使用 Photoshop 进行内容创作的一些常用操作（使用版本为 Photoshop cc 2017）。

（1）裁剪工具　裁剪工具用于裁切或扩展图像的边缘，简单来说就是将图片不需要的部分裁去，使画面更加干净，视觉中心更集中。

如图 3-12 所示，打开图片后，单击"裁剪工具"，拖动光标绘制一个矩形区域，将所需保留的部分框定在矩形内部，拖动矩形的四点控制点来调整矩形区域大小，完成后双击图片或按 <Enter> 键即可完成裁剪。

如图 3-13 所示，裁剪工具的属性栏可以设置裁剪模式，选择需要的宽高比，也可以在数值框中输入需要的宽度和高度。裁剪效果如图 3-14 所示。

图 3-12　裁剪图片

图 3-13　裁剪工具

a）裁剪前　　　　　　　　　　b）裁剪后

图 3-14　裁剪前后的图片对比

（2）快速选择工具　快速选择是一种常用抠图工具，对于边缘比较清晰的主体，使用快速选择可以快速地将其抠出，是一种简单易操作的抠图手段。快速选择工具的操作类似画笔，拖动光标在需要抠图的区域涂抹，被涂抹的部分就会被选中，快速选择工具的工作逻辑是感知像素对比较大的边缘，从而将需要抠图的区域与周围分离开，如图 3-15 所示。

如图 3-16 所示，快速选择工具还可以调节画笔的大小，因此对于比较细节的部位，可将画笔像素调小之后再进行选择。抠图效果如图 3-17 所示。

（3）自由变换　自由变换拥有多种功能，可以调整图像的比例、旋转角度、倾斜、透视、扭曲。

打开菜单栏的"编辑"菜单，选择"自由变换"，也可以通过按 <Ctrl+T> 组合键进行自由变换。变换效果如图 3-18 所示。

图 3-15　使用快速选择工具选出需抠图的区域

图 3-16　用快速选择工具调整画笔像素

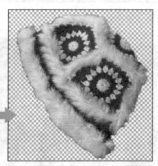

图 3-17　抠出的图片

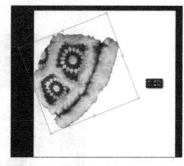

图 3-18　使用自由变换改变图片大小和角度

（4）钢笔工具　使用钢笔抠图可以抠出色彩更丰富和线条更复杂的图像，钢笔是一种功能强大的创造路径的工具，熟练掌握钢笔，几乎就能创造出所需的任何形状的路径，如图 3-19 所示。

图 3-20 所示为使用钢笔工具选择人物路径时，先从图像外缘的任意位置创建锚点，再

根据图像的形状创建下一个锚点，按住鼠标沿着图像边缘绘制曲线或直线，重复此操作直到回到第一个锚点，此时就绘制出了图像形状的完整路径，右击在菜单中选择"创建选区"或按 <Ctrl+Enter> 组合键，便可将图像抠出。抠图效果如图 3-21 所示。

图 3-19 钢笔工具

图 3-20 使用钢笔工具选择人物路径　　图 3-21 使用钢笔抠出的人物图像

（5）文字工具　PS 的文字工具功能强大，可以将文字设置为任意颜色，也可以改变文字的排版、样式、效果。效果如图 3-22 所示。

图 3-22 使用文字工具制作小红书封面图片

2. 醒图

有的新媒体运营者一天需要发布数十篇内容，或者需要随时随地发布内容。在对图文内容要求没有那么高的情况下，也可以使用手机 APP 完成图文内容创作。

如图 3-23 所示，醒图是一款功能强大且"网感"十足的修图 APP。除了"人像美化"功能之外，也有构图、调色、滤镜、文字、贴纸和简单抠图等功能。除此之外，醒图还有海量的修图模板，这些模板反映了当下最流行的滤镜、贴纸模版以及各种流行元素，这也是它"网感"的重要来源。修图效果如图 3-24 所示。

封面制作

图 3-23　醒图界面

图 3-24　使用醒图制作小红书封面图片

3. 内容发布

完成图文内容创作之后，就可以发布在平台上了。小红书内容发布步骤见表 3-10。

表 3-10　小红书内容发布步骤

① 选择需要上传的图片内容	② 在标题栏和文本框里输入文案
	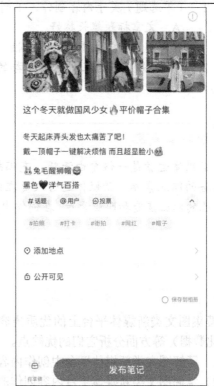
③ 选择与文章内容相关的话题	④ 发布文章
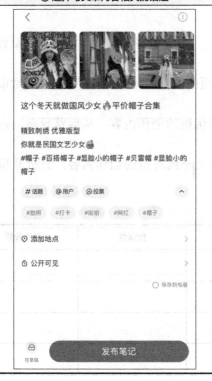	

知识小测试

1. （单选题）关于内容创作，下列说法正确的是（　　　　）。
   A. 文章标题越长越好　　　　　　　B. 图片最重要的靠美观吸引人
   C. 图片也要注重运营导向性　　　　D. 文案应写得很长且有深度
2. （简答题）任选三种你想推荐的商品／地点／生活方式等，各为它们设计一条吸睛的文章标题。

素养小课堂

　　新媒体运营是一份自由活跃、充满想象力的职业，但每个岗位都有相关工作人员应当具备的职业素养。新媒体运营人员在内容创作的过程中，会涉及软件操作，应努力提升自己的职业技能和职业素养，在创作中坚持精益求精的工作态度，发扬互联网工匠精神。

任务实施

1. 研究图文类新媒体的优秀内容创作

　　搜集图文类新媒体平台上的优质内容，从营销性、审美性、趣味性、引流效果（平台可视化数据）等方面分析它们的优缺点。

　　1）了解图文类新媒体平台中创作内容的特点和要点。

　　2）掌握图文类新媒体平台内容创作的方法。

任务步骤 ⊙

　　以小红书、微博、微信公众号为例。

　　步骤 1：打开小红书 APP，搜索优质的创作内容，从运营导向、视觉审美、流量数据等方面分析其优缺点，并进行归纳。

　　步骤 2：打开微博 APP 或微博网页版，搜索优质的创作内容，从运营导向、视觉审美、流量数据等方面分析其优缺点，并进行归纳。

　　步骤 3：打开微信 APP，在微信公众号中搜索优质的创作内容，从运营导向、视觉审美、流量数据等方面分析其优缺点，并进行归纳。

　　步骤 4：在图文类新媒体平台上搜集 3 个及以上不同类型的创作内容，分析并填写在表 3-11 中。

表 3-11　图文类新媒体平台创作内容分析

案例	运营性	审美性	趣味性	引流效果

2. 图文类新媒体平台内容创作

使用所学知识和技能，为"某品牌四件套"创作一篇图文内容。要求为商品"量体裁衣"进行内容创作，并发布在图文类新媒体平台上。

商品简介：

夏被四件套是由一条夏被、一条床单和两只枕套组成的套装。夏被采用化纤水洗双层纱面料，这种面料具有细腻的触感，在经过水洗处理后，面料更加柔软，并增加了舒适性和透气性。同时夏被的填充物采用聚酯纤维，这种材料轻盈而蓬松，提供舒适的触感和适度的保暖性。夏被采用纫缝工艺，确保填充物均匀分布，防止移位。同时，夏被可水洗，方便清洗和保持卫生。床单采用与夏被相配套的化纤水洗双层纱面料。这种面料具有柔软的特性，为睡眠提供舒适的触感。床单的尺寸适合常见的床铺尺寸，确保良好的贴合度和覆盖范围。夏被四件套的两只枕套，与床单和夏被的面料相同，也采用了化纤水洗双层纱面料，为枕头提供舒适的保护和装饰。枕套的尺寸适合标准枕头尺寸，方便使用和更换。商品图片如图 3-25 所示。

图 3-25　商品图片

任务步骤 ◎

步骤 1：根据商品，进行目标用户分析。

步骤 2：提炼商品卖点和营销点。

步骤 3：进行内容策划。

步骤 4：使用 Photoshop、醒图或其他图像处理工具制作图片。

步骤 5：拟定一个引人关注的标题，撰写正文文案。

步骤 6：整合内容并发布。

 任务考核

同学们完成任务实训后，教师根据表 3-11 的填写情况和学生发布在新媒体平台上的创作内容，为同学们打分并点评，相关内容填写在表 3-12 中。

表 3-12　评分表

序号	考核内容	分值	教师打分	教师点评
1	是否研究 3 个及以上的图文类新媒体平台的创作内容	10		
2	是否对内容进行分析、归纳	30		
3	是否能根据商品完成内容创作	60		

任务 3 图文类新媒体的运营推广方式

 任务描述

很多大型企业拥有专业的运营部门，能策划并举行一场多平台联动的运营推广活动，现在各中小型企业也纷纷设立新媒体运营岗位，在众多新媒体平台中，图文类新媒体是较容易上手的平台类型。图文类新媒体的运营包括账号的运营，营销活动的策划、推广等，这就需要新媒体运营者具备相关能力。

知识准备

图文类新媒体的运营，除了完成内容创作的"产出"，还要完成运营账号，并实现策划的活动被更多的人看到，这样才能吸引流量，最终变现。因此，相关人员需要掌握图文类新媒体的运营技能和推广方法。

即使同属图文类新媒体，不同的平台也有着不同的传播特点。微信的传播具有封闭性，而微博是一个能让信息迅速扩散的平台，小红书的信息传播基于用户偏好，随机性更强。因此不同的平台，运营推广方式也有所区别。

1. 微信公众号的运营推广方式

（1）精准推送信息　用户关注企业微信公众号的主要目的是了解企业产品的最新动向。也就是说，用户需要获取专业、可靠、准确且有价值的信息，以省去用户自己查阅其他资料的时间。因此运营微信公众号的人员需要精准地给每一位用户推送信息，让他们在第一时间了解相关信息，同时保持文章更新频率和质量，确保用户的留存率和关注度。

（2）活动预告　微信公众号发出的信息能够精准触达每一位关注者，是个非常好的预告活动的渠道。因此，大多数品牌主办线上或线下活动，都会在微信公众号推送文章作详细的说明。如图 3-26 所示，某品牌将线上和线下的活动在微信公众号中做了详细说明。

图 3-26　某品牌活动预告公众号文章

（3）评论互动　微信公众号的互动环境相对单一，用户只能通过发送消息与运营方交流，而微信公众号的评论区则是唯一能提供用户与用户、用户与运营方交流的场所，因此利用评论区开展小型的互动活动，不仅有利于产品销售，更有利于增加用户的黏性。

如图 3-27 所示，某奶茶品牌微信公众号运营方引导讨论热门话题——"秋天里的第一杯奶茶"。

如图 3-28 所示，某奶茶品牌在微信公众号评论区开展留言抽送奶茶活动，引发热烈互动。

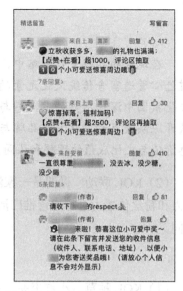

图 3-27 某品牌公众号话题

图 3-28 某品牌公众号评论区互动

2. 微博的运营推广方式

（1）微博热搜 提到微博，很多人就会想到微博热搜，这可以说是社会热门话题的风向标之一，因此也是各企业微博运营推广的必争之地。

相比过去直截了当的运营推广方式，越来越多的企业选择了更"聪明"的方式，如主办主题活动、借势当下热点等。

案例分析 >>>>

图 3-29 某品牌微博营销手机网页

2023 年秋冬，我国某设计师品牌联名苏绣薛氏，推出"复苏"苏绣系列，意在微博引爆跨界热潮，扩展用户圈层，增强品牌力，共推非遗新生，其微博营销手机网页如图 3-29 所示。

双方合力打造两大话题，从文化深挖到品牌聚焦，占据了热搜第三，阅读量破亿，跨界事件持续火爆出圈，如图 3-30 所示。多领域 KOL 齐上阵，全方位剖析非遗底蕴、人文情感及设计思路，创意传播遍及全网。

图 3-30 某品牌与微博联手打造双话题热搜

素养小课堂

在现在的品牌营销策略中，与传统文化的联动正成为触动用户情感的高效途径。通过匠心营造富含传统文化元素的营销场景，不仅丰富了用户体验的层次，还能够在独特文化氛围中深化用户的参与感与沉浸感。这样的场景设计能够促使用户在体验中与品牌展开深层次互动，建立起品牌与消费者之间的情感纽带，也无形中增强了用户对品牌情感价值与文化底蕴的理解和认同，实现了文化和商业的双赢局面。

（2）KOL联动　微博是一家汇聚了众多KOL的平台，与他们合作，借助他们账号的影响力和粉丝传播力进行运营推广活动，通常能获得良好的效果，小红书的运营推广思路与此相同。

3. 小红书的运营推广方式

（1）KOL种草　小红书是一个以分享、测评为特色的新媒体平台，平台中的KOL粉丝数量可能不及微博，但他们更有机会直接接触到潜在消费者，因此与小红书的KOL合作运营推广成为中小型企业常用的模式。

（2）企业号运营　品牌号或者是企业号，就是指能够更好地连接消费者和品牌，帮助品牌在小红书完成一站式闭环运营推广的官方账号，如图3-31所示。在品牌打造过程中，小红书也能够创造出价值。小红书企业号则在树立品牌形象和促进交易转化上具有绝对优势，做好企业号的运营推广，品牌塑造也就成功了一大步。企业号运营推广得好，可以提升品牌声量，树立品牌形象，实现销售转化。

企业号的运营推广可以从以下几个方面入手：

①打造品牌"人设"，亲切沟通。

②撰写优质内容，吸引关注。

③策划粉丝活动，积极互动。

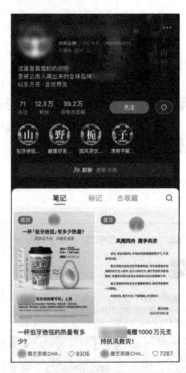

图3-31　某品牌的小红书企业号运营推广

✍ 知识小测试

1.（单选题）下列不属于KOL的是（　　　　）。

　A. 网红　　　　　B. 明星　　　　　C. 专家　　　　　D. 运营人员

2.（简答题）选择一个品牌，如果要为其运营推广企业账号，你会为品牌打造什么样的"人设"？

任务实施

1. 图文类新媒体平台优质账号研究

搜集不同图文类新媒体平台上运营推广成功的优质账号，并对它们的运营方式和推广手段进行研究，分析它们成功的秘诀。

1）了解主流图文类新媒体平台上账号的运营方式。

2）了解在主流图文类新媒体平台上进行运营推广的手段。

任务步骤 ⊙

以小红书、微博、微信公众号为例。

步骤 1：打开小红书 APP，从发现（推荐）、搜索、标签各个入口搜集运营效果好的小红书账号，研究、分析他们使用的运营推广方式，并进行归纳。

步骤 2：打开微博 APP 或微博网页版，从发现（推荐）、搜索、热搜榜单、热门话题各个入口搜集运营效果好的微博账号，研究、分析他们使用的运营方式和推广手段，并进行归纳。

步骤 3：打开微信 APP，在搜索栏搜索微信公众号，观察不同品牌、企业、店铺的微信公众号，搜集运营效果好的微信公众号，研究、分析他们使用的运营推广方式，并进行归纳。

步骤 4：在不同图文类新媒体平台上搜集 3 个及以上运营成功的优质账号，分析并填写表 3-13。

表 3-13　图文类新媒体优质账号分析表

账号	平台	运营推广方式	典型案例分析

2. 图文类新媒体平台活动运营策划方案

选择一个图文类新媒体平台，基于该平台的各项功能为企业的商品策划一场新品推广活动，进一步掌握图文类新媒体运营推广的手段、方式。

商品简介：

某品牌是一家专注于家纺领域的知名品牌，位于全球知名的家纺中心"江苏南通叠石桥"。如图 3-32 所示，本次推出的是"新疆长绒棉"系列花影刺绣四件套。

1）舒适性：新疆长绒棉四件套注重舒适性，旨在为用户提供舒适的睡眠环境。触感

柔软，为皮肤提供亲密接触的感觉。填充物选用聚酯纤维，轻盈蓬松，提供适度的保暖性，让人感到舒适温暖。

2）实用性：设计追求实用性，考虑到了用户的日常使用需求。四件套可水洗，方便清洗和保持卫生，提供了便利的家居护理方式。

3）时尚感：该品牌将国潮刺绣与家居美学相结合，"针笔寄绮梦，线墨埋浮生"，精美绣花的点缀让千年智慧重绽光芒，熠熠生辉。

4）健康与环保：在选择面料和填充物时，该品牌注重健康与环保因素。采用环保染色工艺，减少对环境的影响。填充物采用聚酯纤维，经过环保处理，无害于人体健康。

5）细致工艺：绗缝工艺保证填充物均匀分布，避免出现堆积或塌陷现象，增加使用寿命。细腻的缝线和精致的装饰细节，展现了对品质的关注和追求。

图 3-32　商品图片

任务步骤 ⊙

步骤 1：对品牌进行分析探索，提炼品牌理念、品牌故事等。

步骤 2：研究商品，挖掘卖点和运营推广点（新疆棉、刺绣等），可抓住颜值经济和产品质量等方面，打造明星单品。

步骤 3：分析商品市场定位。

步骤 4：锁定人群定位。

步骤 5：制定营销策略，如体验活动招募、KOL 测评、互动抽奖等。

步骤 6：完成策划方案，填写表 3-14。

表 3-14　某品牌"新疆长绒棉"系列新品运营推广策划方案

品牌分析	
产品策略	
市场分析	
用户分析	
营销策略	

任务考核

同学们完成任务实训后，教师根据表 3-14 填写的情况为同学们打分并点评，相关内容填写在表 3-15 中。

表 3-15　评分表

序号	考核内容	分值	教师打分	教师点评
1	是否搜索到 3 个及以上图文类新媒体平台上优质账号	10		
2	是否对账号进行分析、归纳	30		
3	是否能针对品牌和商品进行分析	20		
4	是否能制定合理的运营推广策划方案	40		

项目 4

视频类新媒体运营

学习目标

知识目标

⊃ 了解视频的基本概念、分类及发展历程；

⊃ 熟悉视频运营的概念及流程；

⊃ 掌握视频内容策划技巧。

能力目标

⊃ 学会视频的拍摄与编辑；

⊃ 能熟练进行视频运营与推广。

素质目标

⊃ 通过项目实践，提升团队协助、团队互助意识；

⊃ 通过项目实践，树立创新意识，培养创新精神。

知识结构图

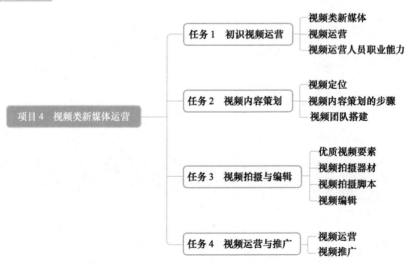

图 4-1　知识结构图

《健康本该如此》

2018 年 4 月 27 日某品牌在网络上发布了一则名为《健康本该如此》的视频广告，视频时长 4 分 10 秒，被评为 2018 年"最扎心"的公益广告片。《健康本该如此》是关爱健康行动主题的广告片，广告片以一个灵魂拷问"如果生命到此为止，你是不是没有任何遗憾？"为线串联起了 8 个故事，把社会现状直观地展示出来，并采用欲扬先抑的手法，讲述了现在年轻人病态、亚健康的生活习惯急需改变，应该活出真实、健康的自我的故事，引起众人共鸣。如图 4-2 所示。

视频中的故事叙述有起伏和转折，吸引人关注。视频由提问"如果生命到此为止，你是不是没有任何遗憾？"开始，第一个镜头为一名看不清脸的、躺在床上的病人在打点滴，用画面引发观众思考，如果躺在病床上的人是自己，会有遗憾吗？进而开始叙述，后面是"你还要这样吗？还是去改变"，吸引观众的注意力并引发思考，效果相比于从开始就直接进入叙述更好，适合深度的内容传播。

图 4-2　《健康本该如此》视频广告

案例思考

该品牌的视频运营理念有何成功之处？

案例启示

《健康本该如此》非常真实而又接地气地反映出了年轻人群的健康问题，并通过善意的提醒让很多人感受到了认同和体贴。对于用户健康的关注，善意、温暖的提醒，非常鲜明地体现出了该品牌的人文情怀，也凸显出了品牌的核心价值理念，让大众更加容易心生认同和好感，从而达到提升品牌认知度的效果。

通过情感和价值观的融入，在用户心中建立一个有温度的品牌形象，这是该品牌这支短片的目的所在，而《健康本该如此》这一视频获得的效果也的确非同凡响。

任务1　初识视频运营

任务描述

视频类新媒体是近年来快速发展的一种新型媒体形式，为人们带来了全新的视听体验。2023年全国广播电视和网络视听行业总收入14126.08亿元，同比增长13.74%。2017年至2018年间，以抖音、快手为代表的头部短视频平台通过推出定制话题活动、官方挑战赛以及构建KOL广告交易平台等形式完善广告营销矩阵，增强了广告营销变现能力。当前，视频市场正处于一个非常活跃的阶段，据统计，截至2023年6月，网络视频、短视频用户规模分别达10.44亿人和10.26亿人，用户使用率分别为96.8%和95.2%。面对视频运营带来的巨大收益及广大的视频用户，如何抓住流量机会、做好视频运营是新媒体运营者的重要任务。本任务将对视频类新媒体特点、视频运营的概念和运营流程等进行介绍，帮助新媒体运营者全方位认识视频运营。

知识准备

近年来，随着经济发展水平的提升和信息技术的普及，信息传播已进入全媒体社会时期。可在移动智能终端的新闻报道、有声阅读和即时视频等视频媒体商品已经成为公共生活不可或缺的一部分，视频媒体的诞生为时代的进步与发展带来了巨大的驱动力。下面即对视频媒体和视频运营等进行介绍。

（一）视频类新媒体

1. 视频媒体的概念

视频媒体是一种利用数字技术，通过卫星、无线通信网络等渠道，与计算机、数字电视等终端相结合的形式，向用户提供信息和服务的传播形式。它有着大容量、实时性和交互性的特点，以数字压缩和无线网络技术为支撑，打破地域限制，最终实现信息传播的全球化。目前的视频平台根据视频的长短和连接的智能终端，可以分为网络视频平台和短视频平台。

（1）网络视频平台　人们日常生活中接触的腾讯视频、优酷视频、爱奇艺视频、搜狐视频、哔哩哔哩等都是常见的网络视频平台。这些视频平台的功能较为类似，都可以供用户自行上传视频内容，同时这些视频平台大多数具有互动功能，可以通过弹幕、评论等形式与观看视频的用户互动，快速获取用户的反馈与意见，从而更好地对视频运营计划进行改善与调整。

（2）短视频平台　抖音、美拍、快手等都是比较主流的短视频平台，它们的功能比较类似。与普通的视频相比，短视频具有短小精悍、内容多样化、创作简便、用户参与度高、娱乐性强、方便营销等特点。这些特点使得短视频在社交媒体平台上得到了广泛的关注和应用，用户愿意观看和制作短视频，也推动了短视频产业的快速发展。

2. 长视频、中视频和短视频

（1）视频内容　短视频以娱乐、生活为主，一般内容简单而富有创意，同时节奏也是

比较快的；中视频的内容以知识型为主，内容上更为饱满，能够更完整地阐释内容，从内容质量上来看更优质；长视频一般为影视剧类，以剧情为主，有完整的故事主线，内容质量相对较高，制作时间也更长，专业性的要求也更高。

（2）视频时间　在视频时间方面的比较显而易见，短视频的时间长度控制在 15 秒至 5 分钟；中视频的时间长度没有特别明确的规定，一般 1 分钟至 30 分钟都是可以的；长视频的时间长度一般在 30 分钟以上。

（3）视频制作　从制作方这一个角度而言，短视频的生产者就是用户本身，大部分属于原创内容，在制作上时间和成本的花费相对较低；中视频的内容大部分也是原创内容，制作的专业要求与短视频制作相比要高一些，但是与长视频制作相比略低，时间和成本花费处于中间，但也有特殊情况；长视频的生产者更多的是专业的团队或者机构，内容更优质更专业，制作时间和成本也相对较高。

（4）视频受众　从用户角度而言，短视频可以让用户不需要刻意安排时间观看，能够在短时间里获取视频的关键内容，内容比较碎片化；中视频和长视频因为时间相对短视频而言略长，内容也比较丰富，因此需要用户特意安排时间集中精力观看并消化内容。

3. 视频类新媒体的特征

与传统媒体相比，视频类新媒体主要有以下特点：

（1）视听结合传达效果好　视频使用形象和声音表达思想，比只靠文字符号或只靠声音来表达更直观、立体，用户可以从视频中获取更多更加直观的信息，相比于图片和文字，视频更加生动详细，画面感能够缩短用户对产品产生信任的过程，加快用户做出购买决策。视频广告以"图、文、声、像"的形式多角度传递信息，比单一使用文字和图片更能体现出产品之间的差异化。

（2）目标精准　视频是一种传播非常精准的新媒体内容表现形式，只有对产品、品牌视频内容感兴趣的用户，才会对视频产生兴趣并持续关注，甚至由关注者变成传播分享者，将视频分享给与自己兴趣相同的用户。与其他运营方式相比，视频运营可以准确地找到目标用户，销售更加精准化。

（3）交互性强　许多视频平台通常会提供评论、点赞、分享等互动功能，用户可以通过这些功能与视频创作者互动。用户的评论和点赞可以为视频创作者提供反馈和支持，增加创作者的积极性和动力。用户的分享行为也有助于扩大视频的传播范围，提高创作者的影响力。

（4）效果可以预测　视频的投放效果，可以通过一些数据进行分析和预测，如视频的浏览量、点赞量、收藏量、分享量等数据。通过这些数据可以分析用户群体、视频质量等。根据这些数据，视频创作者可以不断地优化视频，为下一次视频运营提供依据。

（5）传播灵活　视频的传播速度较快，很多视频在发布后的短时间内就可以得到大量的传播，可以根据需要在指定的时间段将视频推送给用户，用户也可以主动地去相关视频平台寻找感兴趣的视频。

4. 视频媒体的发展历程

视频媒体的发展主要经历了三个阶段，2005 年至 2006 年是网络视频的培育初期；2007

年到 2010 年，通过竞争转型等也发展了一批主流的视频平台；2011 年至今，又兴起了一大批短视频平台，这些平台发展迅速，也表示已经进入了视频媒体时代，如图 4-3 所示。

图 4-3　视频媒体发展历程图

📖知识小测试

1.（单选题）下列不属于视频平台的是（　　　）。

    A. 百度　　　　　B. 抖音　　　　　C. 美拍　　　　　D. 快手

2.（多选题）视频媒体的特点主要有（　　　）。

    A. 视听结合传达效果好　　　　　　B. 效果可以预测

    C. 传播性强，易传播　　　　　　　D. 互动性强，社交黏度高

（二）视频运营

1. 视频运营的概念

现在，视频已经成为不少人日常生活中的重要组成部分，对于企业而言，视频也已经成为一种非常有效的品牌推广手段。视频运营是利用视频网站进行产品推广、宣传的工作，策划与品牌相关的优质、传播性高的内容，推送给用户，提高品牌知名度。

通过策划品牌相关的视频内容、编写能够高度传播的文案，向用户精准或者广泛推送信息，在这个过程中不仅能够增加自己的粉丝量，还能够提高企业和品牌知名度，达到相应的营销目的。

课堂讨论

思考并讨论你熟悉的视频运营达人，他们的成功秘诀是什么？

2. 视频运营的流程

视频运营是一个综合性的过程，需要从多个方面进行规划和管理。以下是视频运营的基本步骤和策略：

（1）制定目标和策略　在视频运营之前，需要明确目标和策略。包括确定视频的内容类型、用户群体、传播渠道等，并制定相应的推广方式和运营计划。

（2）内容创作和制作　视频的内容是视频运营的核心。因此，需要有一支优秀的内容制作团队，根据目标用户的需求和喜好，制作高质量、有吸引力的内容，同时要注意内容的

持续更新和优化。

（3）传播和推广　视频需要通过多种渠道进行传播和推广，包括社交媒体、视频分享平台、电商平台等。要选择合适的传播渠道和推广方式，并进行有效的推广和宣传。

（4）用户互动和反馈　视频运营需要重视用户的互动和反馈。通过收集用户的反馈和意见，及时了解用户的需求和喜好，并进行相应的调整和优化，同时要建立用户数据库，对用户行为进行分析和研究，为后续的运营计划制定提供参考。

（5）数据分析和优化　数据分析是视频运营中非常重要的一环。通过对数据的分析，可以了解视频的传播效果、用户行为、转化率等，对视频的内容、推广、用户互动等方面进行优化和调整。

总之，视频运营需要综合考虑多个方面，包括内容创作、传播推广、用户互动等，通过不断优化和调整，提高视频的质量和影响力。视频运营流程如图 4-4 所示。

图 4-4　视频运营流程

（三）视频运营人员职业能力

要成为一名优秀的视频运营人员，需要具备以下几个能力：

1. 创意能力

视频内容需要具有创意和吸引力，能够引起用户的兴趣和共鸣。视频运营人员需要不断挖掘和发现有趣的故事、独特的视角和创新的表现形式，以吸引用户的注意力。

2. 视频制作能力

视频运营人员需要具备一定的视频制作能力，需要熟悉各种视频制作工具和软件，包括拍摄、剪辑和后期处理等技能，能够将创意转化为高质量的视频内容。

3. 内容策划能力

视频运营人员需要有良好的内容策划能力，能够根据品牌定位和目标受众，制定合适的内容和运营计划。视频运营人员需要了解用户需求和市场趋势，能够准确把握受众的喜好和关注点，制作出符合用户期待的视频内容。

4. 数据分析能力

视频运营人员需要具备一定的数据分析能力，能够通过数据分析和用户反馈，了解用户的喜好和行为习惯，优化视频内容和推广策略。视频运营人员需要熟悉各种数据分析工具和指标，能够准确评估和衡量视频的效果和影响力。

5. 社交媒体运营能力

视频运营人员需要与社交媒体平台密切合作，将视频内容推广给更多的用户。视频运营人员需要熟悉各种社交媒体平台的规则和算法，能够制定合适的推广策略，提高视频的曝光度和传播效果。

6. 沟通协调能力

视频运营人员需要与团队成员、合作伙伴和用户进行有效的沟通和协调，能够清晰表达自己的想法和要求，能够理解他人的需求和意见，并能够妥善处理各种问题和冲突。

综上所述，作为一名视频运营人员，需要具备创意能力、视频制作能力、内容策划能力、数据分析能力、社交媒体运营能力和沟通协调能力等多方面的能力。只有全面发展这些能力，视频运营人员制作的视频才能在竞争激烈的视频领域中脱颖而出，实现品牌的成功推广和用户的持续参与。

 任务实施

1. 走入视频世界，寻找流量密码

在搜索引擎中搜索"最火视频"或者打开视频平台搜索"视频热榜"，寻找最优质的视频观看并分享心得。通过观看优质视频，学习视频创作思路。

任务步骤 ⊙

步骤 1：在百度首页搜索框中输入"优质视频"，查看并了解相关信息。

步骤 2：在短视频平台搜索"视频热榜"，了解相关视频信息。

步骤 3：记录下优质的视频，结合所学的知识分析视频运营的特色。

步骤 4：将各步骤归纳的信息填写在表 4-1 中。

表 4-1　探索成功的视频运营案例

序号	视频类别	视频账号名称	视频运营特色
1			
2			

2. 了解视频运营，寻找创意思路

通过搜索引擎搜索并了解视频运营，掌握视频运营流程，结合搜集的资料寻找视频创意思路。

任务步骤 ⊙

步骤 1：在百度首页搜索框中输入"视频运营"，查看并了解相关信息。

步骤 2：学生分成若干个小组，分组讨论，产生视频创作创意思路并进行可行性分析。

步骤 3：围绕"视频运营"在各平台展开搜索，结合自己感兴趣的领域进行资料搜集整理，写出一个简单的视频运营思路。

步骤 4：将各步骤归纳的信息填写在表 4-2 中。

表 4-2　视频运营流程及思路

视频运营流程	视频运营思路

任务考核

同学们完成任务实训后，教师根据表 4-1 和表 4-2 填写的情况为同学们打分并点评，相关内容填写在表 4-3 中。

表 4-3　任务考核表

序号	考核内容	分值	教师打分	教师点评
1	是否搜索到一些成功的视频案例	20		
2	是否能了解到优质视频的特点	20		
3	是否了解视频运营的流程	30		
4	是否能结合实际写出视频运营流程及思路	30		

任务 2　视频内容策划

任务描述

视频内容策划并不是一件容易的事情，因为每个行业的需求不一样，所以针对的用户不一样，创作的主题不一样，创作的内容也不一样。总的来说，视频策划通常包括视频定位、视频内容策划、视频创意、视频团队搭建等具体内容。本任务将对上述内容进行介绍，帮助视频运营人员学会视频策划。

近几年，视频类新媒体异军突起，市场规模持续扩大，各行各业对视频类运营人员的需求也大幅度增加，新媒体运营以及视频运营成为最热门的两个岗位。社会上也兴起了各种视频创作大赛，搜集创意思路、发现运营人才、提升视频策划能力。各项视频大赛如图4-5所示。

图4-5 各项视频大赛

通过任务1的学习已经初步了解了视频的概念及特征、视频运营的流程，对视频的发展有了一个初步认识，接下来就结合行业社会的需求、全国视频类技能大赛的要求，完成视频内容策划的学习。

（一）视频定位

1. 视频的划分

视频的划分方法主要有以下几种：

（1）根据形式划分　包括纪录片类、短剧类、综艺类等。纪录片类包括人文历史、科学探索、动物自然等，注重真实性和深度剖析；短剧类包括微电影、情景剧、悬疑剧等，注重情感表达和故事性；综艺类包括脱口秀、真人秀、选秀节目等，注重娱乐性、互动性和明星效应，更多形式见表4-4。

表4-4 不同内容的视频形式

类别	类目			特点
生活类	旅游摄影	家居宠物	生活妙招	注重生活情趣和细节
娱乐类	明星	综艺热门花絮	电影剧情解析	注重娱乐性和热点事件
运动类	篮球、足球	健身跑步	滑板游泳	注重运动技巧、健康养生
音乐类	K歌	音乐MV	音乐教程	注重音乐性和艺术表现
美食类	美食制作	菜肴分享	美食鉴赏	注重美食的视觉和口感享受
时尚类	潮流穿搭	美妆造型	时尚资讯	注重时尚风格和品牌文化
动画类	二次元动画	卡通动画	动漫动画	注重手绘艺术、创意和幽默

（2）根据传播渠道划分　包括抖音、快手、火山小视频、西瓜视频、秒拍、微视等。

（3）根据用户群划分　包括女性群体、男性群体、青少年群体、老年人群体等。

（4）根据内容类型划分　包括生活类、娱乐类、运动类、音乐类、美食类、时尚类、动画类等。

（5）按照创作主体划分　包括个人视频创作者和企业视频创作者。

[课堂讨论]

思考并讨论你感兴趣的视频类型，并分析这类视频的特点。

2. 视频内容定位

定位是个比较宽泛的概念，在商业上，定位之父杰克·特劳特说过：所谓定位，就是令自己的企业和产品与众不同，形成核心竞争力，对受众而言，即鲜明地建立品牌。视频内容定位简单来说就是找准视频的制作方向，形成自己的优势和特色。视频内容定位思路如图4-6所示。

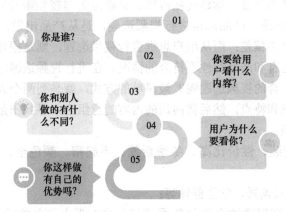

图4-6　视频内容定位思路

一般而言，视频内容的创作领域有很多，而要想准确定位视频内容，需要掌握以下几点：

（1）给用户一个明确的第一印象　就像身边的某一个人，可以在第一时间看到他的外貌特征等。视频内容的定位，则是让用户能够快速地了解你是谁，你想要做什么。很多视频运营人员在最初创作时找不到自己擅长的领域，就随意选择了一个领域，但事实上这样不但不能吸引粉丝关注，还会降低平台对作品的推荐量，所谓"术业有专攻"，要选择自己擅长的领域进行视频创作。

（2）对同类型的创作者数据进行调查　在选择创作领域时，可以对同领域的知名创作者进行调查，了解他们的粉丝画像，如性别、年龄、身份、兴趣等，并将其内容类型、播放数据、用户互动等进行分类，再反推用户偏好。

（3）通过差异化突围　差异化突围有两个方面：一个是既让平台能认识到你的差异化，也要让用户认识到你的差异化，差异化给了用户一个关注你的理由。

（4）明确自己内容生产和变现的方向　结合用户的需求、自己的内容生产能力、变现的方式去做好账号定位，才能保持后续内容的持续产出，保证账号能持续化地运营。

（5）建立清晰的标签　先做主题定位，风格定位，再做垂直领域的创作，这有利于在平台上建立个人形象，在粉丝心中形成标签，增加粉丝关注。

（二）视频内容策划的步骤

完成视频定位，就要进行视频内容创作，视频内容创作主要包括：选题、标题、内容几个要素，视频内容策划中要做到：

1. 选题精准，直击用户

选题主要对应拍摄视频的内容方向，有了选题，视频的主题和内容策划就非常容易了，所以选题是非常重要的一步，在选题方面要注意以下几点：

（1）有价值　视频能为用户带来哪些价值，例如知识价值、科普价值、技能价值、情绪价值等，这些价值输出是引起用户关注的原动力。

（2）借助热点　借助热点可以保证流量，热点事件、热点话题以及热门音乐都是可以借助的流量。要在短时间内获取流量、快速抓住用户的注意力，借助热点一定是最快、效率最高的一种方式，但并不是什么样的热点都可以成为助力，视频热点选择时需要注意以下几个原则：及时性、话题的热度、话题传播范围、话题是否与视频账号运营内容相关等。

（3）用户 & 产品思维　产品思维进行视频选题，是从产品出发，寻找用户需求，这样难免会与用户的需求产生偏差；而从用户思维进行视频选题，则是根据用户的需求，然后包装产品的卖点，这样也有和产品特性不符合的情况。在进行视频选题时，应该如何平衡这两种思维，寻找到真正适合的视频选题呢？最简单的方式，就是列两个表格，一个是产品的卖点，一个是用户的需求和特点，然后将两边的内容随意组合，寻找出最佳的视频选题。

以服饰类产品为例：

1）产品特点：女装、性价比高、冬季新款、不起褶、颜色全、显高显瘦、百搭、甜美可爱等；

2）用户特点：身高偏矮、学生群体等；

3）选题策划：身高偏矮的女生秋冬季节怎么穿？盘点秋冬季节最适合学生群体的10套穿搭等；

按照以上思路，就可以拓展出很多视频选题思路，如图4-7所示。

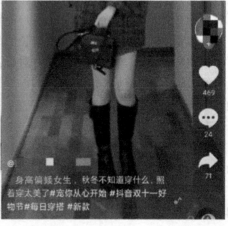

图4-7　视频的选题思路

2. 标题新颖，引人注意

好的内容搭配一个有吸引力的标题，可以算是一个成功的视频，因为好的标题能让视频内容更丰富饱满，激发用户的认同感，提高用户的完播率，还会引起视频热度并带动评论区互动。如何制作一个优质的标题，如图 4-8 所示。

答应我一定要试试××，绝了！
××× 零失败！好看又好吃的 ×××
靠谱有用的 ××× 省钱技巧，沉浸式
开箱 / 护肤 / 化妆居然有人会说 ××
×，我真的会 ×××！

××× 爆火的背后，是 ××××！
请大数据把我推荐给 ×××！

标题
标题
标题
标题

拒绝摆烂，××× 应该打卡的 N 件事！
这个 ×××，为什么我不能早点发现！
盘点那些被包装耽误的 ×××！
干货 ×××，帮你提升自我价值！

被朋友圈怒赞的 ××× 才 × 元！
10 分钟搞定鲜嫩美味的 ×××！

图 4-8 视频标题模版

（1）定位精准、聚焦人群 视频运营者在拟定标题时，可以利用标题快速制定标签推送精准目标人群，例如"学生党""上班族""宝妈"等。

（2）标题设计、新颖别致 视频的标题一定要新颖，这样用户才会产生好奇，进而点击观看，标题的拟定可以使用问句设置悬念，引发用户进一步观看视频。也可以在标题中加入"没想到""揭秘"等词语，引发用户的好奇心。

（3）涵盖文章，凸显主旨 "题好一半文"，意思是一个好的标题等于一半的文案内容。标题是否体现视频的主旨是衡量标题好坏的一个主要参考依据。文案的标题能够体现视频主旨是一个很关键的因素。

（4）直观数据，心理冲击 通过数字形成强烈的心理反差打破认知，例如"三个步骤""五个方向""30 天学会"等，适合展示教学、技巧等内容。

（5）掌握"词根"，增加曝光 抛出一个关键词引发用户思考，使用户迫切地想要知道答案。常用关键词有"敏感""焦虑""孤独""内耗"等。

（6）直触痛点，抓住用户 从用户未被满足的需求出发，紧紧抓住用户需求，例如，"如何鼓励自己""X 天速成 ×××""提升 ××× 的 × 个办法"等。

3. 内容合理，思路创新

（1）生活中的创意 视频创意需要人们多观察生活中的一些小细节，创意来源于生活又高于生活。想要做出好的视频，就需要多拍多尝试，把优秀的创意与自己的视频定位相结合，深度挖掘符合账号定位的创意。视频创意是把日常生活中的一些事经过编排，最后拍摄出或搞笑或有泪点的视频。爆款视频的创意除了日常的积累之外，更要观察生活，找出生活中的创意点，再进行思维发散与创作。

（2）创意是思维的捕捉　很多企业在策划一个创意的时候，常常会开一个头脑风暴会议，会议主办人总是引导大家发散思维、提倡大家说出自己的想法。其实这个会议就是促使创作人员在一起讨论，进行思维碰撞，产生化学反应、将一些片段式的思维串联起来，形成新的创意。但创意一定遵循规则，并非无规律的发散性思考。

（3）创意的思路　视频的创意思路主要包括：反转类创意、多热点结合类创意、内容差异化类创意，如图 4-9 所示。

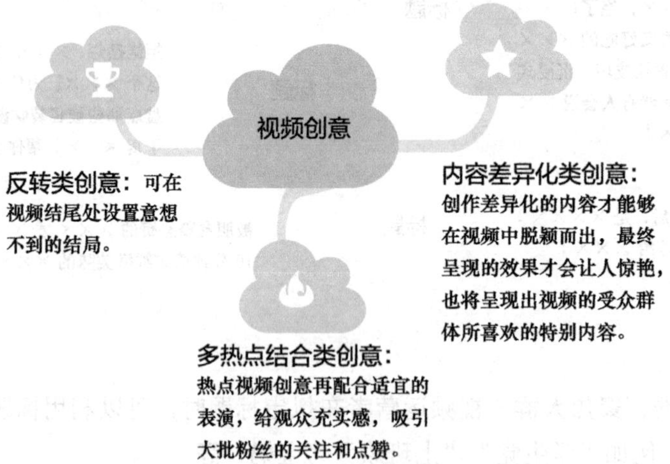

反转类创意： 可在视频结尾处设置意想不到的结局。

内容差异化类创意： 创作差异化的内容才能够在视频中脱颖而出，最终呈现的效果才会让人惊艳，也将呈现出视频的受众群体所喜欢的特别内容。

多热点结合类创意： 热点视频创意再配合适宜的表演，给观众充实感，吸引大批粉丝的关注和点赞。

图 4-9　视频创意思路类型

（三）视频团队搭建

视频的制作与运营工作不是一个人就能完成的，尤其是视频行业迅速发展的今天，要制作高质量的视频就需要一个团队的努力，团队成员集思广益、分工合作才能更好地完成视频的策划与运营。一个专业的视频团队需要哪些成员？

1. 视频编导

确定视频的方向，写脚本，并统筹整个拍摄计划。

2. 摄影师

设计分镜头，安排布光和道具以及把控拍摄的整个过程。

3. 剪辑师

视频拍完之后，根据剧本要求，对视频进行剪辑、包装，一般抖音视频时长为 1 分钟左右或者 2—3 分钟。

4. 视频运营人员

收到剪辑完成之后的视频，设计视频头图、标题、简介、推荐位等，再分发到各个平台，统计、分析视频的数据，对各个平台的视频进行管理并进行用户互动等。

5. 主播

视频的大众化，决定了它的主播类型。主播要根据视频的主题慎重选择。

任务实施

项目描述："乡村振兴"是中国现代化建设的重要战略，旨在推动农业农村现代化、促进城乡一体化发展。近年来，我国对乡村振兴战略的重视程度日益提升，各种政策措施层出不穷。在这一过程中，许多地方政府、企业、社会组织和个人都发挥了积极的作用，推动了乡村振兴事业的蓬勃发展。

以"乡村振兴·筑梦新农村"为主题，通过展现各地乡村振兴的经验和成果，让用户了解乡村振兴的重要性和必要性，探讨乡村振兴的发展路径和方向，策划一个视频。

1. 制定视频标题，确定用户

在搜索引擎中搜索与视频标题制定相关的内容，了解视频标题制定的技巧，学会制定优质的视频标题。

任务步骤

步骤 1：在百度首页的搜索文本框中输入关键词"视频标题制定要求"，按 <Enter> 键查看搜索结果，单击搜索结果查看信息并进行归纳。

步骤 2：结合项目描述，确定视频所针对的用户，并且对用户进行分析。

步骤 3：在百度首页的搜索框中输入关键词"乡村振兴视频标题"，按 <Enter> 键查看搜索结果，单击搜索结果查看信息并进行归纳。

步骤 4：仔细阅读项目背景，了解身边的乡村变化案例。

步骤 5：观看视频平台上的相关视频，收集一些优质标题，结合所学的知识进行模仿和创编视频标题。

步骤 6：将各步骤归纳的信息填写在表 4-5 中。

表 4-5　"乡村振兴·筑梦新农村"视频标题制定

视频标题制定要求	视频用户确定及分析	视频标题

2. 完成以"乡村振兴·筑梦新农村"为主题的视频内容策划

通过完成"乡村振兴·筑梦新农村"为主题的视频内容策划，学会视频内容策划，掌握视频编导岗位需要具备的基本能力。

任务步骤

步骤 1：在百度首页的搜索框中输入关键词"乡村振兴"，查看结果并了解相关信息。

步骤 2：在各类视频网站中搜索与"乡村振兴"主题相关的视频，联系自己身边的乡村建设情况，初步形成自己的视频创作思路。

步骤 3：围绕"乡村振兴"展开搜索，搜集相关的信息和素材，模仿一些优质的视频，撰写视频内容策划方案。

步骤 4：将各步骤归纳的信息填写在表 4-6 中。

表 4-6 "乡村振兴·筑梦新农村"视频内容策划

视频概况	主题	
	时长	
	调性	
视频创意	创意思路	
	创意框架	

 任务考核

同学们完成任务实训后，教师根据表 4-5 和表 4-6 填写的情况为同学们打分并点评，相关内容填写在表 4-7 中。

表 4-7 任务考核表

序号	考核内容	分值	教师打分	教师点评
1	是否搜索到视频标题制作要求	20		
2	是否能制定优质的视频标题	20		
3	是否有视频创意思路	30		
4	是否能完成视频内容策划	30		

任务 3　视频拍摄与编辑

任务描述

　　视频的拍摄与编辑是视频制作过程中的一项较为重要的工作，优质的视频不仅需要生动有趣的内容，而且需要有清晰的画质、合适的音乐等。在视频拍摄和编辑的过程中还需要根据拍摄的内容选择合适的拍摄器材、拍摄场景、拍摄脚本等，需要做好拍摄前的准备和大致规划，拍摄完成之后还需对视频进行编辑，用视频剪辑软件进行二次加工，给用户呈现出最优质的视频。本任务主要从视频的拍摄器材介绍、视频的脚本策划、视频的编辑几个方面，通过学中做、做中学的方式让学生掌握视频拍摄与编辑的工作。

知识准备

　　通过任务 1、任务 2 的学习学生已经初步掌握了视频运营的基本流程、视频的内容策划过程，并对视频的编导工作有所了解。接下来要了解视频拍摄师和剪辑师的工作，就从了解优质视频的要素开始，进入视频的拍摄与编辑工作任务。

（一）优质视频要素

　　优质视频需具备价值趣味、画质清晰、优质主题 / 标题、音乐节奏、多维胜出等五个要素。

1. 价值趣味

　　优质视频的第一要素为"价值趣味"，那么什么是"价值趣味"呢？"价值趣味"就是能给用户带去某种价值和趣味，让用户在看完视频后能有所收获，"价值趣味"可以是趣味共鸣、人物故事，也可以是人物情感讲述，这些都是优质视频需要包含的要素。

2. 画质清晰

　　优质视频的第二要素为"清晰的画质"，视频的画质直接决定着用户的观感体验，视频画质不够清晰，即使文案写得很好，也不会有太多的流量。目前很多视频博主的视频画质都在向大片看齐，使用清晰的拍摄设备、专业的灯光才是视频未来的发展趋势。

3. 优质主题 / 标题

　　优质视频的第三要素为"优质主题 / 标题"，这个直接影响着视频流量，视频平台对视频流量的分发主要靠算法推荐，根据视频标签进行推荐，接着再根据视频播放量、评论数、用户停留时间等要素进行推送流量，这些都直接关系着视频能否进入下一个流量池。

　　因此，在选择视频主题 / 标题时，一定要考虑清楚这条视频能帮用户解决什么问题，也就是针对的用户痛点是什么。

4. 音乐节奏

　　优质视频的第四要素为"音乐节奏"，决定着视频情绪和基调，视频作为一种视听产品，配乐是非常重要的组成部分，能够向用户传递视频意境。

5. 多维胜出

优质视频的第五要素为"多维胜出"，决定着视频的综合价值。如今的视频很多都是团队在运营，包括了编剧、表演、拍摄、剪辑、后期加工等多个岗位，视频都是通过团队精细打磨的，有的团队为了能够创作出一个优秀的视频，前期还会进行市场调研和同行作品分析，再做成整体传播策略和传播节奏，稳扎稳打，逐步推进，最后达到商业目的。

（二）视频拍摄器材

在拍视频时经常需要用到视频录制设备、稳定辅助设备、收音设备以及灯光设备。

1. 视频录制设备（手机／相机）

视频拍摄最简单可行的方法就是使用手机，使用简单的器材，制定简单的主题（学习、生活、游戏、上班、兴趣爱好等），当拍摄的视频在思路上越来越成熟的时候，可以购买更加专业的设备，例如单反相机、微单、卡片机、运动相机等。为了让视频有足够的清晰度，手机设备的像素最好在 800 万及以上，手机分辨率设置为 1080P 及以上（如果支持 4K，可调成 4K），30 帧以上；使用相机拍摄可按照预算选择合适的相机，如图 4-10 所示。

a）手机   b）单反相机

图 4-10 视频录制设备

2. 稳定辅助设备

稳定器可以最大限度地用算法消除画面抖动，得到流畅稳定的画面，结合稳定器的功能可以丰富视频创作。可以根据需要选择合适的视频拍摄稳定辅助设备，保证视频的画质。稳定辅助设备主要有单反三脚架、手机拍摄三脚架、手机拍摄手持云台等。具体如图 4-11 所示。

a）手机稳定器   b）单反稳定器

图 4-11 稳定辅助设备

3. 收音设备

收音设备可以保证视频的音效，便于收音，让视频声音的效果听起来更好。常用的收音设备有手机麦克风、计算机麦克风、无线麦克风等，如图 4-12 所示。

a）收音麦克风　　　　　　　b）收音话筒

图 4-12　视频录制收音设备

4. 灯光设备

摄影是光影的艺术，灯光造就了影像画面的立体感，是拍摄中最基本的要素。相对于电影复杂的灯光布置来说，大部分视频对灯光要求会低一点。在拍摄的过程中要根据拍摄内容来布置灯光，如硬光、软光、聚光灯等，以达到预期的效果，如图 4-13 所示。

a）便携式补光灯　　　　　　　b）专业补光灯

图 4-13　视频录制灯光设备

课堂思考

日常生活中完成一个视频拍摄需要准备哪些器材？将内容填写在表 4-8 中。

表 4-8　视频拍摄器材

级别	视频录制器材	稳定辅助器材	收音设备	灯光设备	其他
入门级别					
专业级别					

（三）视频拍摄脚本

1. 视频脚本概念

在拍摄视频前，需要在视频脚本中确定故事的整体框架，包括故事发生的时间、地点；故事中有哪些人物，每个人物有哪些台词、动作及情绪的变化；每个画面拍摄的景别分别是什么；用哪些拍摄手法来突出特定场景的环境、人物的情绪等。这些细化的内容都需要运营人员在撰写视频脚本时确定下来。视频脚本是故事的发展大纲，是在视频内容策划的基础上，通过拍摄地点、拍摄角度、景别、画面内容、字幕、音乐、时长等对视频的拍摄做出的一个具体规划。

2. 视频脚本分类

视频脚本一般分为 3 种：提纲脚本、分镜头脚本以及文学脚本。

（1）提纲脚本　提纲脚本指为拍摄视频制定的拍摄内容要点，这种形式的脚本主要应用在纪实拍摄当中。纪实拍摄是以记录生活现实为主的摄影方式，素材来源于生活，如实反映人们所看到的内容。例如，景点讲解类、街头采访类、美食探访类等采用的都是纪实的拍摄手法。

摄影师在拍摄之前对将要拍摄的现场和事件无法做到非常精准把握，所以需要策划视频拍摄的提纲，策划拍摄提纲主要分为四个步骤，如图 4-14 所示。

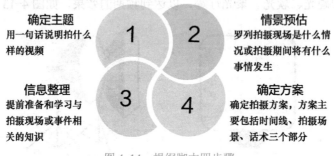

图 4-14　提纲脚本四步骤

小试牛刀

结合自己旅游的一些经验，设计一个景点讲解类的提纲脚本，将内容填写在表 4-9 中。

表 4-9　景点讲解类提纲脚本

时间线	拍摄场景	话术

（2）分镜头脚本　分镜头脚本是指通过连续的文字来描述视频场景的一连串镜头，相当于整个视频的制作说明书，是把视频情节翻译成镜头的过程，相比提纲脚本要详细和精致很多。分镜头脚本主要由景别的选择、拍摄的方法与技巧、镜头的时长、镜头的画面内容、背景音乐等元素组成，其不仅包括完整的故事，还要把故事的情节点翻译成镜头，每一个镜头里面要包含许多拍摄和制作上的细节，例如，画面、光线、镜头运动、声音和字幕等，表 4-10 以某品牌方便面为例，说明了分镜头脚本。

表 4-10　某品牌方便面分镜头脚本

镜头	拍摄法	时间	画面	解说	音乐	备注
1	采用全景、背景为昏暗的楼梯，机器不动	4秒	女孩 A 和女孩 B 忙碌了一天，拖着疲惫的身体爬楼梯	背景是傍晚昏暗的楼道，凸显主人公的疲惫	《有模有样》插曲	女孩侧面镜头，距离镜头 5 米左右
2	采用中景、背景为昏暗的楼道，机器随着两个女孩的变化而变化	5秒	两人刚走到楼梯口，就闻到一股泡面的香味，飞快地跑回宿舍	昏暗的楼道与两人飞快地动作交相呼应，突出两人的疲惫	《有模有样》插曲	刚到楼道口正面镜头，两人跑步侧面镜头一直到背后镜头
3	近景、宿舍、机器不动，俯拍	1秒	另外一个女孩 C 正在宿舍准备吃泡面	与楼道外两人形成鲜明的对比	《有模有样》插曲	俯拍，被摄主题距离镜头 2 米
4	近景、宿舍门口，平拍，定机拍摄	2秒	两个女孩在门口推来推去，不让彼此进门	突出两人饥饿，与窗外的天空相配合	《有模有样》插曲	平拍，被摄主题距离镜头 3 米
5	近景、宿舍，机器不动	2秒	女孩 C 很开心的夹着泡面正准备吃	与门外女孩形成鲜明对比	《有模有样》插曲	被摄主题距离镜头 2 米

（3）文学脚本　文学脚本是将各种小说或者故事改编以后，方便以镜头语言来完成的一种台本方式。其不像分镜头脚本那么细致，适用于不需要剧情的视频创作。例如教学视频、测评视频，拆快递视频等。

文学脚本中只需要规定人物要完成的任务、说的台词、选用的镜头和节目时长即可。以常见的手机测试文学脚本为例，见表 4-11。

表 4-11　手机测试文学脚本

任务	具体任务	话术框架
任务 1	拆封新手机	刚刚收到的手机，今天为大家测试一下这款手机的性能怎么样，到底值不值得入手
任务 2	描述手机外观	卓越的屏幕品质、超坚韧的玄武机身、同心设计突破边界、握持舒适
任务 3	手机跑分对比	用测试软件给手机跑分，与另外一个品牌的手机进行对比

3. 视频脚本创作技巧

（1）前 5 秒创意吸引注意力　视频开头前 5 秒决定了用户是否对视频内容感兴趣，决定了视频的完播率，所以前 5 秒要想办法让用户停下来观看视频，可以采用"爆点前置""直击痛点"等方式。

（2）25 秒内容输出、干货分享　视频内容可以是干货输出、经验分享、情景剧、热点话题等，让用户有所收获，同时也可以采用单转等，引发用户互动。

（3）15—25秒创意结尾，引导点赞关注　视频可以采用一句话，去引导用户关注、评论、点赞，提高视频的完播率。

（四）视频编辑

剪辑，即运用软件对视频源进行非线性编辑，通过加入图片、音乐、特效等手段与原视频素材进行重混合，并对视频素材进行切割、合并，从而生成具有不同表现力的视频。视频的创作其实并非一定会用到剪辑，但剪辑对于视频质量的提高有着不容置疑的作用，虽然剪辑看上去非常复杂，但随着视频制作技术的不断发展，市面上已经出现了许多便捷的剪辑软件，想做好视频，必要的剪辑技巧是一定的要掌握的。

1. 常用的剪辑软件

（1）剪映　剪映是抖音官方推出的剪辑软件，支持变速，快速、自由地分割视频，可完成时间倒流、语音转字幕等功能，支持交叉互溶、闪黑、擦除等多种效果，可一键剪辑抖音同款视频以及具有丰富的曲库资源，是非常强大的手机剪辑软件，基本可以满足用户的需求。

缺点是它仅支持直接分享到抖音，如果要分享到其他平台，需先保存至本地后上传。

（2）Premiere　Premiere是一款由Adobe公司推出的常用的视频编辑软件，是一款编辑画面质量比较好的软件，有较好的兼容性，且可以与Adobe公司推出的其他软件相互协作。目前这款软件广泛应用于影视编辑如广告制作、电视节目制作中。

缺点是这款软件占用内存比较大，启动速度慢，对计算机的性能要求高。

（3）爱剪辑　这是一款免费的视频编辑软件，容易学习，不需要掌握视频剪辑的专业知识也可以轻松学会，支持大多数视频格式、字幕效果、转场特效和画面风格。这款软件运行时占用内存少，所以对计算机配置要求不高，在目前市场上的计算机中都能很好地运行。

缺点是这个软件在视频导出时，会被动添加爱剪辑的片头和片尾，如果对视频编辑没有太多的要求，并且不在意强制添加的爱剪辑片头和片尾，爱剪辑是一个很好的软件。

课堂讨论

除了这三款常用的视频剪辑软件，还有哪些好用的剪辑软件？

2. 视频编辑的内容

视频剪辑是指将收集或拍摄好的视频、音频、图片等素材，通过视频剪辑软件根据剧本或主题进行编辑创作，通过切割、合并、重组、二次编码等操作生成新视频的过程。视频剪辑工作主要包括以下几个方面：

（1）素材处理　为视频素材出示精彩片段删剪、文章段落次序重组、历史时间素材图片划入、有关素材图片引进组成等。

（2）特效处理　为视频素材添加转换场地技能、蒙太奇效果、三维动画特效、多屏、分屏功能实际效果、视频界面色调等。

（3）字幕处理　为视频素材加上Logo、中外文字幕、表明字幕、装饰字幕、三维字幕、翻转字幕、挂角字幕等。

（4）音频处理　为视频素材加上背景音乐、特效音乐、播音主持人多种语言配音解说、对口型配音等。

（5）包装处理　为视频素材剪辑后多方位动画特效包装，蒙太奇效果、制作片头片尾、品牌形象标志动画特效等。

任务实施

项目描述：校园是一幅绚丽多彩的画卷，是成长的摇篮，也是梦想启航的地方，以"美丽校园，青春绽放"为主题，通过介绍美丽校园、分享学习生活、展示校园活动、策划校园采访等形式，随手拍摄校园生活素材，为美丽校园创作一个视频。

剪辑短视频的
基本流程

1. 确定"美丽校园，青春绽放"视频主题方向

在搜索引擎中搜索与视频拍摄和编辑相关的内容，在视频平台上搜索"校园类视频"，确定校园视频拍摄主题。

　任务步骤 ◎

步骤 1：在热门的视频平台上搜索"校园类视频"，观看视频，寻找灵感。

步骤 2："模仿 + 创新"，确定自己的视频方向。

步骤 3：将各步骤归纳的信息填写在表 4-12 中。

表 4-12　"美丽校园，青春绽放"视频主题方向

优质视频要求	"美丽校园，青春绽放"视频主题方向

2. 完成以"美丽校园，青春绽放"为主题的视频脚本

通过策划和拍摄以"美丽校园，青春绽放"为主题的视频，学会视频拍摄和编辑，学会撰写视频拍摄脚本，做好视频拍摄和编辑工作。

　任务步骤 ◎

步骤 1：准备好校园视频拍摄的器材和剪辑软件。

步骤 2：完成以"美丽校园，青春绽放"为主题的视频脚本。

步骤 3：完成以"美丽校园，青春绽放"为主题的视频拍摄与剪辑。

步骤 4：将各步骤归纳的信息填写在表 4-13 中。

表 4-13 "美丽校园，青春绽放"视频拍摄脚本

拍摄日期：					视频主题（节奏）：				
标题：									
地点	序号	景别	角度	画面内容	旁白	特效字幕	音效	时长	

任务考核

同学们完成任务实训后，教师根据表 4-12 和表 4-13 填写的情况为同学们打分并点评，相关内容填写在表 4-14 中。

表 4-14 任务考核表

序号	考核内容	分值	教师打分	教师点评
1	是否明确优质视频的要求	20		
2	是否能确定校园视频主题	20		
3	是否能完成视频的拍摄	30		
4	是否能完成视频的编辑	30		

任务 4　视频运营与推广

任务描述

视频的运营与推广工作内容主要包括内容策划、用户运营、渠道推广、数据分析等。内容策划就是规划视频内容，准备选题及拍摄制作等相关工作。用户运营是所有运营工作的工作重点，了解用户画像和用户喜好，才能更加精准的开展用户营销，更容易吸引精准的产品用户，从而形成自己的社群，实现长期的营销转化。除此之外，还要做好视频的渠道推广、数据分析等，只有做好这一系列工作，才能更好地进行视频的运营和推广。本任务主要引导学生完成视频运营和推广工作，具备视频运营和推广的相关技能。

知识准备

通过前几个任务的学习，已经初步掌握了视频运营的基本流程、视频内容的策划、视频的拍摄与剪辑，接下来就要把视频发布到真实的平台上进行真实的视频运营和推广，精准判断用户需求，选择合适的视频推广渠道，分析视频的相关数据，全方位地做好视频的运营与推广工作。

知识回顾

回顾任务 1 中视频运营的概念及流程，将内容填写在表 4-15 中。

表 4-15 知识复习表

视频运营概念	视频运营流程

（一）视频运营

1. 用户画像分析

（1）用户画像的概念 用户画像是真实用户的虚拟代表，是建立在一系列真实数据之上的目标用户模型，简而言之就是将用户信息标签化。

（2）用户画像的作用 用户画像有利于商家换位思考，让商家回到"以用户为中心"的设计中去；也有助于商家了解用户偏好，挖掘用户需求，实现精准化营销。

（3）构建视频用户画像 构建视频用户画像可以先进行用户基础数据收集，对视频用户的行为进行分析，确定用户使用场景，最后综合各个因素，建立视频用户的画像，如图 4-15 所示。

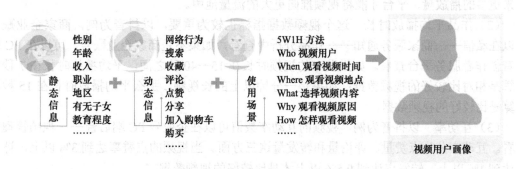

图 4-15 视频用户画像分析图

找一个自己平时关注的，或者比较知名的视频账号，试着分析它的用户画像，完成表 4-16。

表 4-16 用户画像分析表

视频账号	用户画像分析	用户画像

2. 视频数据分析

视频运营需要对平台上的数据进行分析，包括用户行为、观看时长、转化率等。通过数据分析，可以了解用户的需求和兴趣，制定更加精准的内容策略和推广策略，提高用户黏性和转化率。视频核心数据分为完播率、作品平均播放时长、互动率和吸粉率，如图 4-16 所示。

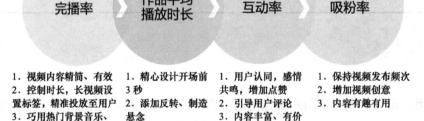

图 4-16 视频核心数据分析及优化图

（1）完播率 这个视频数据对于视频而言是非常核心且重要的指标，以抖音为例，可以在私信——商家服务通知——作品分析或在抖音创作者服务平台——作品数据中查看。

视频的完播率平均值要尽量保持在 30% 以上，才算是比较好的指标，这样才能给视频带来更多的播放量，平台才能将视频推向更大的流量池中。

（2）作品平均播放时长 这个视频数据指标也较为重要，以抖音为例，商家企业账号可以在私信——商家服务通知——作品分析中查看，如果不是商家企业账号，可以在 PC 端抖音创作者服务平台查看。如果发布的视频时长在 15—40 秒之间，平均播放时长在 7 秒以上算是相对比较好的视频数据；如果是一分钟以上的长视频，那么平均播放时长在 15 秒以上算是比较好的视频数据。

（3）互动率 以抖音为例，视频的互动率数值可以在企业号 PC 端后台——视频管理中查看。互动率分为点赞量、评论量和转发量这三方面。当视频的点赞率达到 3% 以上、评论率达到 1% 以上、转发率达到 0.5% 以上才是比较好的视频数据。

（4）吸粉率 想要计算出视频的吸粉率，首先要知道视频的吸粉量是多少，以抖音为例，需要在抖音 APP——作品数据——视频吸粉量中查看视频的吸粉量数据，吸粉率在 1% 以上是比较好的视频数据。

通过分析这四项视频数据，可以不断提升优化出更多数据好的视频，实现视频账号快速变现的效果。

（二）视频推广

1. 视频推广的概念

随着网络媒体的进一步发展，视频网站的成长昭示着新时代的来临。视频网站的发展首先是各种信息内容的聚集，以达到各种不同背景网民的需求。紧接着是社区化的氛围，个性化需求的满足，此外技术跟进和国家相应制度供给的保证，也越来越重要，网络媒体的迅速发展，不断蔓延和影响着相应的延伸媒体，媒体依附网络这一快速便捷手段，不断地发展自己，视频网站利用网络媒体的方便化、平民化、迅速化，逐步壮大自身，许多的网络媒体，特别是视频网站如雨后春笋般创建起来。

视频推广是指企业利用视频平台来宣传和推广自己的产品、服务或形象的一种营销方式。通过制作精彩的视频，将企业的信息传递给目标用户，引起他们的兴趣和关注，从而提高企业知名度和产品销售额。

课堂讨论

相比于其他的推广方式，视频推广有什么优点？

2. 视频推广流程

视频推广过程中应树立全局思维，从视频制作到视频发布要考虑推广成本、提升转化率、关键词布局、效果反馈等因素，要做好视频精准用户定位、确定投放渠道、重视视频包装、策划运营活动等一系列工作，同时还要注重产品品牌、用户口碑、互动活动等。视频推广流程如图 4-17 所示。

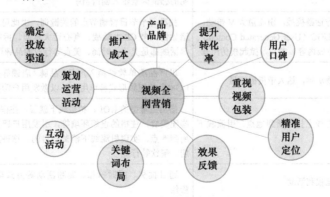

图 4-17　视频推广流程图

3. 视频推广方法

（1）多平台发布，增加曝光率　目前可以发布视频的平台很多，比如抖音、哔哩哔哩、微博、小红书、腾讯微视、快手等，如图 4-18 所示。多平台发布内容，可增加内容的曝光率。曝光度高，知名度会提升，粉丝量也会提升。视频推广人员可以根据视频的内容、用户的特点、产品的特点选择合适的平台进行多平台运营，引导粉丝互动、转发，让粉丝做你的宣传员，吸引更多用户。

图 4-18 主流的视频平台

（2）写好标题，并添加话题以及 @ 好友 准备要发布视频的时候，不要忽略了文字简介，当写好标题之后，后面的文字包含一些关键词在内，再加上热门话题的同时也要记得 @ 好友，便于获得更多推荐和播放量，这也是一个提高流量的小技巧。

（3）转发朋友圈，转发微博 利用广大的社群网络推广视频，有些平台的视频并不能直接分享，可以先下载这个视频，然后分享到微信朋友圈或者微博，分享的视频中会带有自己的视频号，这样也能让更多人知道自己生产的内容。

（4）活动运营 视频推广中应帮助广告主利用差异化的视频推广内容打造品牌影响力，有效整合视频 KOL 资源，全方位覆盖品牌信息，实现互动变现，见表 4-17。

表 4-17 视频运营活动

线上/线下活动	活动形式	活动要点
线上活动	情感驱动的 KOL 原创故事	品牌可以通过 KOL 原创剧情的方式，软植入品牌产品，将强烈分明的感情因素带入剧情当中
	官方话题挑战，由流量大 V 带动，引导 UGC（User Generated Content，用户生成内容）参与，掀起模仿风暴	找准每个节日营销节点的关键词，由此可以激发出多样化的话题，诸如情人节 CP 大挑战、真心话大冒险、拆礼物挑战、搞笑情侣拍照等话题都是美妆、时尚、美食等行业的品牌可以考虑的
	好物清单，达人带货提销量	以产品清单软性植入产品/品牌/店铺等信息，通过"图片切换＋BGM"的视频形式种草用户，以激发用户购买欲
	网红线上打卡所到地点，引流线下消费	借由流量型的 KOL，拍摄线下就餐、住宿等消费细节，强调种草的搭配美食，住宿的设施环境等，引发用户评论，同时定位标识或留言所到地点，实现引流线下消费的目的。这种方式比较常用于旅游、酒店、餐饮等行业
	粉丝福利活动	通过抽奖、限时折扣、宠粉活动等方式牢牢抓住老粉丝，吸引新粉丝
线下活动	全民参与的线下活动	全民参与活动在囊括各行各业的用户的同时，还能输出有趣的内容。可以通过这样的活动来加强与粉丝的互动，这在一定程度上能够帮助企业提升粉丝的活跃度、留存率并提高粉丝数量
	举办主题活动	主题活动针对的是垂直范围的用户，适合做垂直视频内容运营
	定期举办见面会	这种活动方式很适合有影响力、个人魅力强的视频内容创作团队

任务实施

将自己创作的以"美丽校园，青春绽放"为主题的视频（或选择其他视频）发布在视频网站上，实时关注视频的数据，进一步优化视频。

1. 视频数据分析，调整视频运营方案

通过在视频网站上发布自己创作的视频，体验视频运营的大致流程，学会对发布的视频进行数据分析，进一步优化视频内容。

任务步骤 ⊙

步骤 1：先在主流视频平台上发布视频，确定视频用户画像。

步骤 2：实时观察视频的各项数据，做好视频数据分析，根据数据分析的结果进一步优化视频。

步骤 3：将各步骤归纳的信息填写在表 4-18 中。

表 4-18　视频运营方案

视频运营方案	
确定视频用户画像	
视频发布的平台	
视频发布后的数据分析	
如何做好视频优化	

2. 完成视频推广方案

熟悉视频推广的各种方式，为自己制作的以"美丽校园，青春绽放"为主题的视频（或其他优质视频）撰写推广方案。

任务步骤 ⊙

步骤 1：在百度首页的搜索文本框中输入关键词"视频推广方式"，按 <Enter> 键查看搜索结果，并将结果记录下来。

步骤 2：为自己创作的以"美丽校园，青春绽放"为主题的视频（或选择其他视频）撰写一个视频推广方案。

步骤 3：将各步骤归纳的信息填写在表 4-19 中。

表4-19 视频推广方案

视频推广方案	
推广目的	
推广对象	
推广渠道	
推广方式	
推广预算	

 任务考核

同学们完成任务实训后，教师根据表4-18和表4-19填写的情况为同学们打分并点评，相关内容填写在表4-20中。

表4-20 任务考核表

序号	考核内容	分值	教师打分	教师点评
1	是否明确视频运营的概念	20		
2	是否能确定视频推广的流程	20		
3	是否能完成视频的运营	30		
4	是否能完成视频的推广	30		

项目 5

直播类新媒体运营

习目标

◉ 知识目标

➲ 了解直播运营的概念、特点及职责；
➲ 了解直播运营的发展历程与趋势；
➲ 理解直播运营三要素；
➲ 掌握直播运营的流程；
➲ 掌握直播选品的原则与办法。

◉ 能力目标

➲ 能根据要求撰写直播脚本；
➲ 能开展直播引流；
➲ 能实施直播运营。

◉ 素质目标

➲ 养成积极向上的职业心态；
➲ 培养勇于探索的创新精神与团结合作的团队精神；
➲ 锻炼敢于尝试的实践勇气。

知识结构图

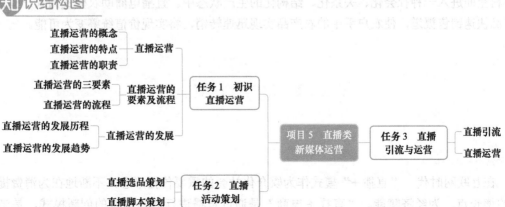

图 5-1 知识结构图

直播电商助力乡村振兴新模式

"漠里姐姐"借助抖音电商的产业融合，在青海建立起一整套枸杞产业体系。从她回到家乡种植枸杞开始，通过电商直播平台让青海好风光被越来越多人所知晓，让青海优质枸杞通过直播电商为越来越多人熟知。

2021年全年，"漠里姐姐"通过直播电商为家乡卖出200多吨枸杞，为当地枸杞产品找到了一条全新的直播电商销售之路。直播电商在带动枸杞销售的同时，间接推动了当地产业融合发展。

随着枸杞销量的稳步增长，青海枸杞产业逐步壮大起来，越来越多的农民使用直播推荐自家种植的枸杞。配套的物流、运输、电商企业等如雨后春笋般建立起来，扩大了就业机会，实现了收入增长，实现了产业协同发展，枸杞产业驶上了融合发展快车道。

在电商直播平台和"漠里姐姐"的共同探索下，"电商+枸杞"创造了农户、消费者、企业三者之间互利共赢的局面，取得了良好的经济、社会效益。

如今，越来越多的农民加入直播电商行列，直播电商帮农户拓销路、找市场，做好产销对接，拓宽销售渠道，通过以销促产方式带动乡村发展。直播电商为"数字下乡，农货上行"搭建了新平台、形成了新业态，逐渐成为数字时代乡村振兴的重要途径。

案例思考

直播电商助农有何意义？

案例启示

手机平台、媒体平台迅速普及，越来越多的人掌握了如何直播、如何通过直播建立更为广泛的人际交往关系并完成社交活动。直播，其形式立体丰富、互动参与感强，集视觉、听觉、文字等于一身，使同步带货成为可能。乡村空间通过直播和短视频的方式进入社交场域。乡村日常生活与贫困地区现状的"可见性"被激活，农村地貌、农民生活、乡村空间进入一种社会化、关系化、结构化的生产状态中。直播电商助农模式为农户提供产品快速销售渠道，使农户手中的农产品实现迅速转销，将实现价值统筹变为可能。

任务1　初识直播运营

任务描述

在互联网时代，"直播+"模式作为媒介化社会的重要传播形态，不断地在为消费提供新的增长点，为经济赋能。"直播+电商"是通过直播进行商品销售的创新模式，是当今互联网时代背景下，直播与电商双向融合的结果。与传统营销相比，电商直播可以为消费者

提供高效、及时且丰富的产品展示，具有较强的互动性、专业性和较高的成交率。电商企业通过直播提供更加直观、生动的产品展示和用户体验。同时，直播还可以与其他新媒体等功能进行深度融合，吸引年轻用户参与其中。本任务从直播运营的概念、特点及职责出发，综合介绍了直播运营的发展历程及趋势，直播运营三要素及直播运营的基本流程等内容，全面补充了直播运营的基础知识，为后续直播任务实施打下坚实基础。

 知识准备

直播已经成为一种流行的社交媒体形式，吸引了大量的用户参与。对于企业和个人而言，直播是一种有效的推广和营销工具。通过直播，企业可以展示产品、传递品牌形象，吸引用户关注并提升销售额。个人可以通过直播展示才艺、分享经验，建立影响力和粉丝基础。直播运营的成功与否直接关系到直播的效果和效益。

（一）直播运营

1. 直播运营的概念

直播运营是指通过直播平台，运用各种手段和策略，对直播内容进行管理、推广和运营的过程。直播运营旨在提升直播的观看量、粉丝数量、用户参与度，实现品牌曝光、销售转化等目标。直播运营需要综合运用市场营销、传播学、社会心理学等知识，结合直播平台的特点和用户需求，进行策略制定和执行。

按照主播主体的不同，直播运营分为企业直播运营和个人直播运营。

1）企业直播运营：一些知名企业通过直播平台展示产品、分享企业文化，吸引用户关注并提升销售额。例如，某化妆品品牌通过直播展示产品的使用效果，吸引了大量用户的关注和购买。

2）个人直播运营：一些知名主播通过直播展示才艺、分享生活，建立了大量的粉丝基础。例如，某歌手通过直播分享音乐创作的过程，吸引了大量粉丝的支持和关注。

企业直播运营与个人直播运营两种模式的对比见表 5-1。

表 5-1　企业直播运营与个人直播运营两种模式的对比

对比项目	企业直播运营	个人直播运营
直播特性	品牌化	人格化
用户购买商品驱动力	用户购买商品多是因为对商品有需求	用户购买商品是因为对商品有需求，也可能是因为个人情感
商品更新速度	商品更新较慢	商品更新较快
直播商品展示	流水账式地展示商品，商品转化率一般	直播内容紧凑，内容表现形式多样化，商品转化率较高
主播直播心态	工作心态	创业心态
直播时长	可多人 24 小时在线直播	大部分为主播单人直播，直播时间有限
流量支持	可借助自身私域流量得到支持	主播需要从零积累粉丝
电商运营能力	具有较强的电商运营能力	很多主播缺乏电商运营经验

2. 直播运营的特点

1）真实性。直播都是实时进行的，主播在直播间展示实际售卖的商品，用户可以看到商品真实的样子，用户通过直播间看到主播试用商品，解决了传统电商销售没有办法体验的难题，让用户产生如在线下商超购物一样的真实感受。

2）互动性。网络直播是具有双向互动性的特点，与传统电视购物的单向聆听不同，网络直播时用户可以通过留言、连麦等形式实时提出疑问，主播可以边介绍商品边回答用户问题，主播通过与用户即时搭建沟通桥梁，在互动中消除用户购买疑虑，增加用户黏性，促使用户下单。

3）低成本。成本是电子商务竞争的关键要素之一，与传统电商相比，直播凭借其低成本的优势受到广泛应用。与传统推广方式相比，最简单的直播只需要一部手机或数码相机、一台计算机再加网络就可以了。这样对很多中小型企业、个人卖家、创业个体、带货农民就非常友好，低成本给直播电商开辟了广阔的市场，但也带来了激烈的竞争。

3. 直播运营的职责

如何在竞争激烈、口碑参差不齐的行业中脱颖而出、站稳脚跟，就需要直播运营团队中的人员各司其职，协调配合，满足消费者多样的需求。

1）内容策划：直播内容的策划是直播运营的核心。内容应具有吸引力、独特性和专业性，能够满足用户的需求和兴趣。内容策划需要关注热点话题、用户关注度、竞品分析等因素，确定直播的主题和形式。

2）主播形象：主播是直播的核心，其形象和个人魅力对直播的效果有重要影响。主播需要具备良好的形象气质、专业的表达能力和互动能力，能够与观众建立良好的互动关系。

3）推广渠道：直播运营需要充分利用各种推广渠道，包括社交媒体平台、微信群、论坛等，将直播信息传播给更多的潜在用户。推广渠道的选择要根据目标用户的特点和行为习惯进行分析和调整。

4）互动和留存：直播运营需要关注用户的参与度和留存率。通过互动、抽奖、打赏等方式，增加用户的参与度和黏性，提高直播的口碑和持续性。

5）数据分析：直播运营需要关注数据的收集和分析。通过数据分析，可以了解用户的喜好和行为习惯，调整直播策略和内容，提升直播的效果和效益。

（二）直播运营的要素及流程

1. 直播运营的三要素

区别于传统线下商业模式的"以场为本，货等人"以及传统电商模式"以货为本，人找货"的形式，直播运营本质上是围绕"人、货、场"3个核心要素展开的"以人为本，货找人"的新型商业模式，如图 5-2 所示。

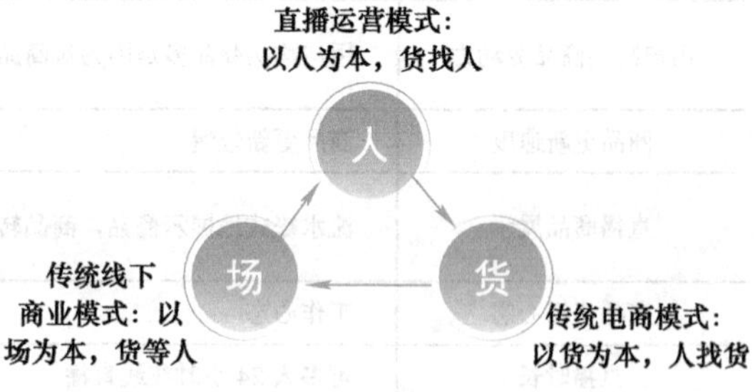

直播运营模式：以人为本，货找人

人

传统线下商业模式：以场为本，货等人

场　　货

传统电商模式：以货为本，人找货

图 5-2 "人、货、场"3 个核心要素的关系

1）以场为本：传统线下商业模式是"货等人"，"场"是整个业务关系的核心，所以大型的综合商超都是在主流的商圈做出整个消费场景，在"场"内布置满满的"货"，等"人"来完成消费。而这种大型综合商超的

潜在用户量辐射范围有限，由于用户选择更大程度上只会停留在其所直接看到的店铺，因此"以场为本"的传统线下商业运营模式往往会将更多的成本投入到场地选址中，用户引流也相对被动。

2）以货为本：传统电商模式是"人找货"，"货"是整个业务关系的核心。得益于互联网的信息传递高效率，一个平台就可以完成几乎所有商品的上架，当商品可以近乎无限上架的时候，商家想要获取较多的流量是相当困难的。"人找货"的模式更多承载着用户主动的、计划性的购买行为，这种聚合式的需求集中在平台展现的时候，商家只能被动地选择买流量，或者是以低价吸引用户。

3）以人为本：直播运营模式是"货找人"，"人"是直播电商业务关系中的核心。直播要既能满足"货"的动态化展示，使直播更真实有效；同时又能实现积累用户的信任度。直播转化的关键在于经营"人"，精准匹配用户的喜好和需求，因此是典型的"货找人"，也就是主播依据用户的喜好和需求向其精准地推荐商品，降低用户购物决策的时间和难度。

当"人、货、场"的商业关系以"人"为核心的时候，直播电商的逻辑就不是传统的电商逻辑。直播电商并不是传统电商的简单升级，不能单纯地把直播当成电商的新渠道。直播电商提供给企业另一种经营品牌的路径。借助直播的高效率，企业一方面可以提高渠道效率和销售转化效率，另一方面也可以通过经营直播达成用户积累和商品销售转化，进而实现品牌的建设。

2. 直播运营的流程

直播运营是指在直播平台上进行直播内容的创作和维护工作。直播运营者需要对直播平台的使用情况和观众的反应情况进行日常监控，同时也要不断进行创作，以确保直播内容的质量。

在进行直播运营工作时，通常会遵循一个基本的流程，如图5-3所示。

图 5-3 直播运营的流程

（1）直播前准备

1）策划直播主题。直播主题是整场直播的基础，直播活动及内容介绍往往围绕主题展开，直播主题也有利于吸引有相同需求的用户进入直播间并迅速停留，例如夏季上新、换季新装等，没有主题会让新进入直播间的用户很难抓住重点，造成用户流失。

2）主播定位准确。主播是直播间对外展示的主要窗口，主播是否符合产品定位，是否能吸引用户，是直播前要准备的内容，主播定位应与所售商品调性一致。例如，售卖女性化妆品的主播，往往定位于美妆博主；销售美食的主播往往定位于探店博主或者美食博主。主播定位准确会吸引有相同爱好的用户关注，有利于分析用户画像，为用户匹配更符合需求的商品。

3）直播前引流。直播活动的成功与直播间流量息息相关，为了吸引更多精准用户进入直播间，直播前的引流推广很重要。直播前引流主要通过直播宣传海报、H5活动页和推广软文等，做好直播主题、嘉宾、时间、活动等方面的宣传，并在宣传时有重点地强调直播特色，以匹配更多精准用户。在预算充足的条件下可以考虑全渠道、大范围宣传，从而使全网感兴趣的潜在用户参加。

（2）直播中活动

1）直播全过程。直播中的执行可以划分为：直播开场、直播执行、直播收尾。直播开场通过开场互动让用户了解本场直播的主题、内容等，使用户对本场直播内容产生兴趣，并停留在直播间；直播执行过程中借助营销话术、发红包、发优惠券、才艺表演等方式，进一步加深用户对本场直播过程的兴趣，让用户长时间停留在直播间，并产生购买行为；直播收尾阶段向用户表示感谢，并预告下场直播的内容，引导用户关注直播间，将普通用户转化为直播间的忠实粉丝，并引导用户在其他媒体平台上分享本场直播或本场直播中推荐的商品。

2）直播活动推广。直播中合理运用开播流量，组合使用引流推广方法，如开启同城定位，吸引更多的同城粉丝进入直播间，尤其对本地团购类商品非常有效；如鼓励直播间分享，通过裂变优惠券增加新粉或自然流量；如通过福袋、优惠券等增加直播间互动率，争取平台推流；如在抖音平台投放"Dou+"增加直播间人气等（"Dou+"是抖音内容加热和营销推广产品）。通过各种手段组合运营，增加直播间流量，促进商品成交。

（3）直播后复盘

1）直播复盘。直播复盘是直播活动不可或缺的部分，直播不可中断，不可重来，直播结果直接反映在直播数据中。直播后团队需要及时开复盘会，通过复盘直播团队才能合理评估直播的营销效果，总结直播的经验教训，对整个直播过程进行回顾与分析，为后续直播提供参考。

2）二次推广。直播后，可以运用直播中的精彩片段或直播中的引申话题直播宣传物料进行二次宣传，保持账号及主播热度，为下一次直播做好预热。

（三）直播运营的发展

1. 直播运营的发展历程

直播运营的发展历程分为四个时期，红利期、蓄势期、爆发期、持续发展期，如图5-4所示。

图5-4　直播运营的发展历程

（1）红利期　随着智能手机及移动互联网的快速发展，2016年，我国迎来了移动直播的风口，当时直播的内容是以泛娱乐、游戏、秀场直播等形式为主，平台以及主播的变现方式以"打赏"为主。随后，淘宝、京东、蘑菇街等主流电商平台率先开始探索"电商 +直播"的新模式，借助当时直播流量的红利，使国内直播电商体系初步成型。

（2）蓄势期　2017 年，淘宝、蘑菇街等电商平台着手孵化直播红人体系、整合供应链，许多知名带货主播就是在这个时期快速成长起来的。随着短视频平台的兴起，不止电商平台，抖音、快手、美拍等短视频直播平台也开始"试水"直播电商，而与此同时衍生的专注服务于电商直播行业的 MCN 机构（多频道网络平台）也迅速成长起来。这一时期标志着直播电商行业开始逐步向精细化运营发展。

（3）爆发期　2018—2019 年，直播电商行业迎来首个大规模爆发期。直播带货 GMV（商品交易总额）暴增，抖音、快手领跑，开始引入明星主播，同时发展乡村直播，影响辐射了大量人群。各大平台加足马力培养主播，加大流量扶持力度。拼多多、小红书、知乎等平台相继上线了直播功能，直播逐渐成为各大互联网平台的"标准配置"，此时直播电商的赛道已经全面打开。

（4）持续发展期　2020 年至今，直播电商行业进入持续发展阶段。直播电商行业的万亿市场被彻底激活，海量的用户流量涌向直播平台，直播用户已突破 7.5 亿。直播被应用到了教育、办公、医疗等行业，直播电商行业也迎来更快速的发展，标志性变化是"草根"主播的崛起和各领域品牌自播的发展和深耕。截至 2022 年 12 月，我国网络直播用户规模达 7.51 亿，同比增长 6.7%，占整体网民的 70.3%，主播账号累计开通超 1.5 亿个，同比增长 7.1%。

2. 直播运营的发展趋势

近几年，凭借着直播经济的快速发展，线上生活和社交方式加速成为人们日常生活中不可或缺的一部分，直播作为电商发展新引擎一直保持着快速发展的态势。

（1）垂直化　为满足消费转型后的用户需求转变，越来越多的企业直播深耕于某一垂直领域，力求打造某一领域的专业账号，做到该领域的头部。垂直化可以提高直播内容的专业度和针对性，有效筛选黏性用户，帮助用户迅速获得自己需要的产品和服务，不断提高用户购买决策的效率与精准度。直播垂直化不仅可以提高用户互动与参与度，而且能够促使直播更专业，产品更贴近市场需求，促进产品创新，也有利于广泛吸引新用户，用户复购率高。

以美妆行业为例，多个中高端品牌在直播平台上举办"网红主播化妆课程"、试色等活动，通过让主播详细讲解化妆技巧和产品特点，提高用户对产品的了解度和购买意愿。国内外众多品牌均有自己的官方直播账号，并与知名美妆博主合作，开展了一系列线上活动展示产品质量。某知名品牌使用内容驱动为主账号获得网络流量和传播声量后，用主账号为矩阵账号直播间引流，通过不同垂直品类直播间扩大带货的产品品类来扩大销售额。

（2）智能化　随着人工智能技术的不断成熟，其在直播领域的应用也日益普及。电商通过将 AI 技术与直播相结合，可以实现语音识别、图像识别、自然语言处理等功能，提高直播内容的质量和互动性。人工智能可以对用户的特征进行分析和挖掘，让企业了解用户的喜好、需求、行为偏好等信息，从而更好地为用户提供个性化的直播服务和产品推荐。目前在美妆行业中已呈现此趋势，一些电商平台开始引入人工智能技术，提供 AI 试妆服务。例如用户可以上传自己的照片，通过人工智能技术实现化妆效果的实时模拟，从而更好地了解不同化妆品的产品效果和使用方法。

（3）标准化　随着直播电商的不断成熟，许多电商企业、MCN 公司以及头部达人开始探索适合市场的标准化直播策略，进行品牌推广、活动策划等方面的营销活动。例如，在"双十一"购物节期间，淘宝直播平台与各大品牌合作，推出了一系列主题直播活动，取得了巨大的成功。拼多多直播也通过大量的裂变传播，成功地带动了流量与销售的增长。同时，一些知名主播也开始注重内容品质和形象塑造，提高自身的专业度和影响力。

（4）社交化　传统电商只能通过文字、图片等形式展示商品，无法实现与用户之间的实时互动和沟通。而电商直播则利用直播技术，打造出一个可以与用户直接互动的场景，为用户提供更加真实丰富的购物体验。同时，直播电商还能够通过弹幕、点赞、送礼物等社交互动方式，增加用户与主播之间的互动，营造良好的社交氛围。例如，某知名品牌开发多平台矩阵直播，依托直播互动、主播关注、粉丝团及自营 APP 引流等方式，实现粉丝与主播、粉丝与粉丝之间的强互动，不仅有效增加用户黏性，还可以提高用户满意度。

素养小课堂

　　直播作为一个新兴行业，没有现有的范本可供参考，也没有现成经验可取，一切需要自己不怕困难，不断尝试，在实践中形成团队默契，积累团队经验。因此要求直播团队每位成员都能有敢于尝试的勇气，有持续学习的能力，每天进步一点点，打造出"直播金牌团队"。

任务实施

　　为更好地开展直播运营，注册开通多个直播平台账号，观看直播、检索资料，对比分析不同直播平台的差异，学会选择合适的直播平台。

任务步骤 ⊙

　　检索直播平台官网及相关报道，将与直播平台相关的信息填写在表 5-2 中（可增加自己感兴趣的直播平台）。

　　步骤 1：浏览直播平台官网，检索相关信息，进行分析归纳，填写表 5-2 中部分内容。

　　步骤 2：注册直播平台账号，观看平台直播，结合平台数据进行分析归纳，填写表 5-2 中部分内容。

表 5-2　直播平台对比分析表

直播平台	定位	日活量	用户黏性	用户特征	头部品牌及达人	带货品类
淘宝						
抖音						
快手						
小红书						
微信						
增加平台 A						
增加平台 B						

步骤 3：根据表 5-2 中的内容对比分析不同直播平台的适用条件，学会选择合适的直播平台。

任务考核

同学们完成任务实训后，教师根据表 5-2 的填写情况打分并点评，相关内容填写在表 5-3 中。

表 5-3　任务考核表

序号	考核内容	分值	教师打分	教师点评
1	能否利用直播平台官网检索相关信息	20		
2	是否会通过观看直播分析出相关信息	30		
3	是否具备基本数据检索能力	10		
4	是否具备总结归纳和对比分析能力	40		

任务 2　直播活动策划

任务描述

直播运营是一项十分复杂的活动，如果没有一份清晰的直播活动策划方案作为指导，直播运营很可能无法达到预期目标，甚至无法顺利进行。因此，在进行直播运营之前，直播运营团队应当先理顺直播运营的思路，制定合理的直播活动策划方案，做好前期的准备工作，然后依据直播活动策划方案有目的、有针对性地执行直播运营的各项工作。本任务从直播选品策划与直播脚本策划两个维度，全面阐述了直播活动策划的关键环节，培养学生直播活动策划的核心能力。

知识准备

随着直播成为电商运营的主阵地，如何进行直播活动策划与实施，已经成为各类活动组织机构必须面对和解决的问题之一。想要直播过程达到既高效又专业的要求，离不开对直播选品与直播脚本的策划。

（一）直播选品策划

1. 直播选品的基本原则

直播选品的好坏很大程度上决定了直播间的销量，因此直播选品应遵循以下四个基本原则。

（1）高性价比　在直播带货过程中，性价比高的商品更受用户欢迎。人们在电商平台上购物的原因无外乎两个，一是方便、快捷，二是商品价格便宜。所以，高性价比的商品更加符合消费群体心理的选品定位。高性价比不仅体现在直播商品价格上，而且体现在直播间促销活动上，如大额优惠券、抽奖等，这是为用户提供折扣。

（2）高匹配度 无论是达人主播还是商家主播，都要让商品和直播间粉丝标签或者达人标签相匹配。例如，母婴用品的主播应具有丰富的使用经验；同样，如果品牌定位的消费群体是青年群体，应选择一位年龄与气质贴合品牌定位的主播。只有选品与达人标签相匹配，用户才能更好地接受商品推荐，当选品与粉丝标签匹配度高时，粉丝才会主动停留、下单，甚至聚集在一起分享购物感受，形成直播间私域稳定流量。

（3）商品独特性 直播的实时性与互动性解决了传统电商不能够全面展示、试用体验差等弊端，因此直播选品具有其独特性。直播选品往往会选择在技术、性能、品牌、用户体验等方面具有独特优势的商品，如服饰、化妆品、生鲜等，这些商品往往需要主播试穿、试用或者试吃以消除用户的疑惑，激发用户购买兴致。

（4）需求及时性 直播选品还需要运营人员有敏锐的市场洞察能力，紧跟潮流趋势与热点话题，及时满足市场活动要求与用户个性需求。如在"双十一""品牌日"这种目标消费人群最集中，购买力、销售价值最高、影响力最大的销售日，就需要运营人员及时调整直播选品满足大促活动要求，以获取参与活动的资格。如母亲节、情人节、儿童节等固定节日，也要提前挖掘主题故事，提前选品铺货以应对可能会随之而来的销量峰值。除此之外，运营人员也要多关注用户的需求，平时多留意和搜集用户想要在直播间看到的商品。

2. 直播选品的方法

直播选品不能仅凭自己的主观能动性，因为不同的市场需求也是有很大差异性的，选品还是要遵循选品思维和数据分析等其他辅助资料，才能选对产品，快速出单赢利。目前常用的直播选品方法有以下几种。

（1）组合选品法 以商品组合的思维来选品，即选品规划时，选取30%的利润款，用以获取较高利润；选取10%的福利款，低价吸引流量；选取40%的引流款，用以获取更多流量；选取20%的常规款，用以互相配合，直播间可以根据自己的用户画像和商品属性调整铺货比例。组合选品法的平衡铺货既能吸引流量又能保障直播间的合理利润，是一种比较稳妥的选品办法。

（2）多平台交叉法 如果发现同款商品在不同平台上的产品销量不同步，但各个平台用户对此款商品有同样的需求，可以选择多平台交叉复制爆款商品，通过直播运营也可以打造比较高的销量。

（3）季节性选品法 每年有固定的季节和节日，也是所谓的营销节点。卖家可以提前规划好营销方案，在营销节点来临之前备好货，选好与节日需求匹配的特定产品，例如中秋节的月饼、情人节的鲜花等，借助市场的节日流量趋势，阶段性出单赢利。

（4）热点事件选品法 商机无处不在，但热点事件选品法很考验企业的灵感和市场嗅觉，这与季节性产品是一样的，考验时效性。热点事件选品法最关键之处是把握热点，顺应趋势，除了固定的趋势，例如大型赛事、大型表演等，其实关注用户在常用的社交平台上会关注哪些热点事件十分重要。

（5）自身平台选品法 大多数直播平台都有其对应数据分析平台，这类数据分析平台上集中了一家或者多家企业的直播销售数据，企业很容易在"商品"选项下检索到某一品类的热销商品，如图 5-5 所示，综合分析商品匹配度选择合适的商品。

图 5-5　抖查查平台选品数据

（6）类目拓展法　专注做一个类目，将一个类目深耕做精。基于同类产品作延伸，基于产品配套、配件作延伸，不仅能节约很多市场调研成本，而且能不断形成品牌效应。未来直播电商向着垂直化方向发展，早日入驻细分市场才能从竞争中获利。

综上所述，每种选品方法都各有千秋，直播选品要综合考虑商品自身优势与市场趋势，选择适合商品的方式才能打造爆款。直播选品直接影响出单速度，只有真正抓住用户刚需的企业，才能更好实现商品营销。但在如今大众品类遍地的市场形势下，直播企业要么有填补市场空白的产品，要么能够拿出真正好的产品，才能从众多企业中脱颖而出。企业应在产品方面多下功夫，开发出市面上尚未出现的潜在爆款，塑造"人无我有，人有我优"的产品，以产品驱动运营的方式，才能从直播电商竞争中收获属于自己的一份成功。

网络直播营销
选品规范

3. 直播选品的产品结构

直播商品结构直接影响着直播带货的商品购买转化率。在每一次直播带货过程中，直播间都应该包括以下类型的商品。

（1）印象款　印象款是指促成直播间第一笔交易的商品。一般来说，高性价比、低客单价的常规商品适合作为印象款，其特点是实用，且人群覆盖面广。当产生第一次交易成功且商品获得肯定以后，用户会对主播或直播间留下印象，形成一定的信任度，再次进入直播间的概率也会增加，所以印象款的重要性是毋庸置疑的。

（2）引流款　引流款应当是商品中最具有独特优势和卖点的款式，这款商品最好做到"人无我有，人有我优"，但商品的价格不宜太高，毛利率要趋于中间水平。要想提高商品转化率，引流款商品一定要是大众商品，要能被大多数用户接受。

（3）福利款　福利款是指"宠粉"款商品，即用户先加入粉丝团，然后才有机会抢购优惠商品。福利款有时作为福利直接免费送给粉丝，有时则设置为低价款吸引更多用户。

（4）利润款　主播要推出利润款来实现盈利，且利润款在所有商品中要占较高的比例。利润款可以设置成为目标群体中某一群特定的小众群体喜爱的商品，这些人追求个性，所以这部分商品突出的卖点及特点可以符合这一部分小众群体的心理。

（5）品质款　品质款又称战略款、形象款商品，一般要选择具备高品质、高调性、形象好的极小众商品，它承担着提供信任背书、提升品牌形象的作用。品质款的意义在于引导用户驻足观看，让用户感受到商品的高品质，品质款可设置为孤品，可以营造出数量极少的氛围，真实目的主要不在于成交，而在于起到价格锚定的作用，提升直播间的定价标准。

4. 直播选品的定价

直播间商品定价一般从心理定价和组合定价两个维度进行。

（1）心理定价　心理定价主要是指根据不同类型用户的消费心理制定合理的商品价格的策略形式，一般包括4种，见表5-4。

表5-4　心理定价

定价方法	含义	举例
尾数定价策略	迎合用户追求价廉物美的心理，让用户觉得价格低于预期，价格尾数一般为8、9	如"9.9秒杀价""29.9福利价"等
声望定价策略	迎合用户高价显示心理，顺应用户购买商品以实现身份、地位、自我价值的目的	如在直播间卖定价较高的名包、名酒等
对比定价策略	以孤立效应为基础，为同一商标或竞争产品旁边的特殊产品确定一个适中价格，使其更具吸引力	如一份牛排定价为800g/189元，对比同类品质相同产品价格适中，但产品质量高
错位定价策略	根据实际情况制定一个比较有竞争力的价格，或者通过价格空隙取中间值进行定价	如在直播间设置商品单个价格为19.9元，但不同口味的3个商品为一组买下只需要49.9元

（2）组合定价　组合定价是指对相互关联、相互补充的产品采取的不同定价策略，对一些可以单独购买，也可以成套购买的商品，实行成套优惠价，称之为组合定价，见表5-5。

表5-5　组合定价

定价方法	含义	举例
系列产品组合定价	对同档次、款式、规格、花色的产品进行组合定价	如不同花色但款式相同的袜子，5双一组定价29.9元等
附加品差别组合定价	根据客户选择的附加产品属性，制定多种定价方式	如购买数码、家电产品选择延保服务，延保一年50元，两年100元……
成套产品组合定价	具有功能互补的产品搭配组合成一套的定价方式	如考试用品（签字笔、2B铅笔、橡皮等）成套售卖

成套组合客单价相对较高，而对比价格后，组合装虽然多，但是平均下来单价要更便宜，用户也能有一种超值的感觉，因此多频组合能够有效提高直播间的整体转化效率。

（二）直播脚本策划

近年来，随着直播的火爆，直播市场也越来越激烈。如今想要从直播中脱颖而出，并不是一件容易的事情。那么，如何打造一场成功的直播？直播脚本成为了关键，它能够保证直播流程的顺利进行，实时把控直播节奏，并推动直播卖货的高效转化。同时，遵循直播脚本，可以最大程度地避免意外情况的发生。

1. 直播脚本的定义及作用

直播脚本，是为规范直播过程、策划直播环节、有序展开直播，根据一定格式编写的可执行文件。文件中详细规定了人员分工、时间节点、活动执行以及风险处置等直播细节，直播过程依据脚本可有效进行。

整场直播的脚本是以直播为单位，规范直播流程与内容。如，单品解说脚本，是以单个商品为单位，规范单品解说，突出商品卖点，也可以理解为商品讲解。直播脚本的作用如下：

（1）梳理直播流程　直播最忌讳的就是开始直播前才考虑直播的内容和为活动制作脚本，很多新手主播在直播时没有系统规划流程，导致流程混乱，出现违禁话术，直播间用户不知所云，甚至有时会被粉丝提示流程。所以直播流程设计非常重要，在开始直播前对整个直播流程进行梳理，对所有事情做到了然于心，直播时才能应对自如、有条不紊、信心倍增。

（2）管理主播话术　大多数主播很难在没有准备的情况下准确而完美地说出商品卖点，有了直播脚本就可以提前设计商品卖点，脚本也可以作为主播行动的指导，让主播清楚地知道在哪个时间段该做什么，还有什么没做。此外借助直播脚本，主播可以从容应对直播间互动问题，也能够向用户传递更多的商品信息。

（3）协调直播主题　在一场直播过程当中，要明确本场直播的主题是什么。很多的传统直播，将所有的人、货、场、氛围等全部集中到主播的身上，会对主播形成巨大的压力，所以主播在这种压力下，无法一直判断准确，甚至有可能会产生一些失误。这个时候，脚本的作用就是帮助主播迅速地抓住主题，分清主次，让协作部门串联起来，共同推进直播顺利进行。

（4）复盘总结　复盘一直都是一场直播中最重要的组成部分，而复盘都是在复杂的背景下进行的，很难发现在某些环节上发生的具体问题，有脚本就可以在复盘中清晰地梳理出具体哪个环节上出现了什么问题。有的时候如果没有脚本作为指导，一场直播之后，很难及时找到问题所在。所以在复盘时一定要对照脚本找出问题，然后进行优化，这样直播才会越来越好。

2. 直播脚本规划

直播脚本是直播的每个时间段的工作内容框架，合理规划直播脚本有利于直播平稳有序地进行。

在策划直播脚本之前，直播团队要罗列出单场直播的所有商品，规划好上架顺序，根据不同商品的卖点属性，规划直播流程，关注直播开始 5 分钟，直播中福利品的投放节奏，以及黄金时段的直播节奏。合理规划直播过程可以让主播提前了解当天直播的内容，熟悉当天直播的商品，确保直播能有序进行，最大限度地提升直播效果。

从开场到结束，整场直播过程可以划分为四个阶段，如图 5-6 所示。

图 5-6　直播过程四个阶段

直播过程有相对明确的时间和内容划分，以一场 60 分钟的直播流程设计为例，将直播过程细化后的结果见表 5-6。

表 5-6　直播过程细化表

时间安排	直播环节	直播内容
20:00-20:10	破冰	开场欢迎，抛福利，引导用户停留观看
20:10-20:15	暖场	话题互动，激发用户参与
20:15-20:20		爆款产品预告，吸引用户关注
20:20-20:25		引流款产品讲解，介绍秒杀活动
20:25-20:45	引爆	产品序列循环降价，活动促销
20:45-20:50		爆款产品讲解，限时优惠
20:50-21:00	预告	直播预告，抛出话题，引发讨论

3. 直播脚本撰写

脚本可以分为商品脚本、活动脚本、销售套路脚本、关注话术脚本、评论整理脚本、控评话术脚本等。整理归类后，可分为两大类，一类是单品脚本，另一类是整场脚本。

（1）单品脚本　单品脚本顾名思义是围绕某一款商品为单位，突出其核心卖点和利益点，通常以表格形式列出单品的品牌介绍、商品卖点、直播利益点、直播间注意事项等方面，一目了然、方便对接。以口红为例，单品脚本应包括品牌理念、色号、显色度、滋润度、持久度、包装、价格、活动福利等方面，见表 5-7。单品脚本设计时要关注商品利益点设计，以便于在直播时能突出商品独特性。

表 5-7　口红单品脚本设计

某品牌的经典口红色号		
目标	**宣传点**	**具体内容**
品牌介绍	品牌理念	高阶仪式感
商品卖点	色号	1988 经典流传 无法复刻的红棕
	显色度	高定哑光妆效 一抹持久显色
	滋润度	
	持久度	
	包装	独特夜光斑马纹路彰显个性美学
直播利益点	价格	七夕礼遇 满 300 减 15 赠送礼盒包装
	活动福利	宠粉福利 首单送小样
直播间注意事项		1）不同唇色的真人模特试色； 2）引导新粉丝关注品牌领取新人福利； 3）引导用户领取满减券； 4）引导用户加入粉丝团、点赞、关注

（2）整场脚本　整场脚本是对整场直播的脚本编写，在直播过程之中，最重要的就是对直播过程进行一个规划和安排，重点是直播逻辑和方式的编写以及直播节奏的把控。

整场直播活动策划要关注以下五个方面：

1）直播主题。整场直播往往围绕一个明确的主题，例如"换季女装"主题，整场直播围绕换季上新，大部分内容应围绕季节新品服饰展开，再由新品延伸到其他产品。直播时要紧扣主题，增加主题词互动频率，提高直播间相关流量。

2）直播目标。在脚本策划前要明确直播要实现何种目标，是积累用户、提升用户进店率，还是宣传新品等。店铺可以从用户定位或需求出发来确定直播目标。

3）直播对象。直播活动主要对象是店铺用户，让用户满意并产生购买行为是直播的终极目标。因此，分析用户偏好，了解用户关注的要点是脚本设计的核心，可以在脚本中着重将用户偏好转化为直播间商品卖点及看点，激发用户购买欲。

4）预算与推广策略。商家要合理评估自身能力，做好直播预算，准确计算出推广活动金额、数量、投入产出比，在直播脚本中还要明确推广投放条件与时间，设置投放阈值，评估投放效果，力争在预算范围内达到最佳推广效果。

5）直播节奏。直播节奏就是整场直播每个时间段的直播内容的动态推进，直播前需要提前设计好直播脚本，预演直播过程，主播要在实践中不断积累直播经验，学会熟练把控直播节奏。

直播脚本是直播过程的行动指南，是对直播时间、场景、人员、道具、产品的综合性调度。直播结束后，还要及时跟进订单，进行奖品名单公布和发放，做好用户维护等，确保用户的消费体验。及时复盘直播数据，正确评估直播结果，总结反馈直播表现。直播团队还可以将直播过程中的精彩片段和能引起合适话题的片段，剪辑做成二次推广物料，进行多渠道宣传。

在发货环节，一定要做到及时。另外，可以调研用户对于本场活动的评价，便于后续活动改进优化；还可以对直播视频进行剪辑，撰写成一篇推文，进行多渠道宣传。整场直播脚本策划样例见表 5-8。

表 5-8　整场直播脚本策划样例

直播活动概述	
直播主题	秋季护肤小课堂
直播目标	吸粉目标：吸引 10 万观众观看；销售目标：从直播开始至直播结束，直播中推荐的三款新品销量突破 10 万件
主播、副播	主播：××、品牌主理人、时尚博主；副播：××
直播时间	2023 年 10 月 8 日，20:00～22:30
注意事项	①合理把控商品讲解节奏； ②放大对商品功能的讲解； ③注意对用户提问的回复，多与用户进行互动，避免直播间冷场

(续)

直播流程

时间段	流程安排	人员分工		
		主播	副播	后台/客服
20:00～20:10	开场预热	暖场互动，介绍开场截屏抽奖规则，引导用户关注直播间	演示参与截屏抽奖的方法；回复用户的问题	向粉丝群推送直播开始的通知；收集中奖信息
20:10～20:20	活动剧透	剧透当日新款商品、主推款商品，以及直播间优惠力度	补充主播遗漏的内容	向粉丝群推送本场直播间链接
20:20～20:40	讲解商品	分享秋季护肤注意事项，并讲解、试用第一款商品	配合主播演示商品使用方法和使用效果，引导用户下单	在直播间添加商品链接；回复用户关于订单的提问
20:40～20:50	互动	为用户答疑解惑，与用户进行互动	引导用户参与互动	收集互动信息
20:50～21:10	讲解商品	分享秋季护肤补水的技巧，并讲解、试用第二款商品	配合主播演示商品使用方法和使用效果，引导用户下单	在直播间添加商品链接；回复用户关于订单的提问
21:10～21:15	福利赠送	向用户介绍抽奖规则，引导用户参与抽奖、下单	演示参与抽奖的方法	收集抽奖信息
21:15～21:40	讲解商品	讲解、试用第三款商品	配合主播演示商品使用方法和使用效果	在直播间添加商品链接；回复用户关于订单的提问
21:40～22:20	商品返场	对三款商品进行返场讲解	配合主播讲解商品；回复用户的问题	回复用户关于订单的提问
22:20～22:30	直播预告	预告下一场直播的时间、福利、直播商品等	引导用户关注直播间	回复用户关于下一场直播的相关提问

 素养小课堂

网络直播要流量更要正能量

近年来，由于网络直播门槛较低，大量网络主播的涌入导致网络主播队伍素质良莠不齐，网络直播在高速发展的同时，也出现了种种乱象。这些现象归根结底是直播团队丢弃了基本的价值底线，重流量轻责任，盲目追求粉丝经济的后果。

网络直播本质上是一种价值观传播，作为新时代青年，应始终把传播正能量放在首位，在传播科学文化知识、丰富精神文化生活、促进经济社会发展等方面，要肩负重要职责，发挥重要作用，持续播出优质内容，播种正能量，用正向、有深度的内容去承载正确的价值观，以高质量的直播赢得粉丝，赢得未来。

 任务实施

以"我为家乡代言"为主题，围绕家乡特色产品策划主题直播脚本，要求撰写整场直播脚本，直播时长为1小时左右。

任务步骤 ⊙

以"我为家乡代言"为主题，选择合适的商品，设计直播内容，做好产品组合，制定促销策略，协调直播人员、地点、时间等执行内容，根据直播节奏合理设计直播环节。

步骤 1：选择家乡特色产品，调研产品基本信息，了解市场需求，罗列商品卖点。

步骤 2：观看同类商品直播间，梳理直播过程及活动，策划自己的直播实施过程，见表 5-9。

表 5-9　直播脚本策划设计

直播活动概述			
直播主题			
直播目标			
主播、副播			
直播时间			
注意事项			

直播流程			
时间段	流程安排	人员分工		
		主播	副播	后台/客服

步骤 3：在表 5-9 中，填写直播内容。

 任务考核

同学们完成任务实训后，教师根据学生实训的情况为同学们打分并点评，相关内容填写在表 5-10 中。

表 5-10　任务考核表

序号	考核内容	分值	教师打分	教师点评
1	直播脚本设计合理性	40		
2	直播脚本撰写完整性	10		
3	直播脚本可操作性	20		
4	直播脚本是否传递了正向价值观	30		

任务3 直播引流与运营

 任务描述

可实时互动、更加直接的交流方式以及更好的产品展示能力，直播电商正在成为越来越多品牌的主流营销手段。直播电商的底层逻辑是直播引流与直播带货（也称为直播运营），直播的所有工作都是围绕这两项展开。直播运营的载体是流量，主体是主播，直播间类似于大型蓄水池，不断往蓄水池内注入大量"流量"，直播过程吸引一部分"流量"，长期贮存沉淀为"粉丝"停留在蓄水池底部，不轻易变化，还有一部分"流量"以不同的流速离开蓄水池。直播运营过程就是将蓄水池做大做深，尽可能保障更多的"流量"在蓄水池内。本任务主要围绕直播引流与直播运营，对直播引流的逻辑和方法、直播运营的产品讲解及控场以及直播粉丝转化做详细阐述，通过本节任务学习，学生能初步开展直播运营。

知识准备

直播运营的最终目的是销售商品，要想实现这个目的，首先要吸引用户进入直播间，从而对直播活动进行更大程度的宣传。如果引流不到位，正式直播时用户数量太少，那么商品的购买转化率就会非常低。直播引流是为了让用户提前大概了解直播的内容，这样对直播感兴趣的用户就可以在直播时及时进入直播间，从而提高直播间的在线人数。

直播违禁词

（一）直播引流

1. 直播流量来源

做直播最关键的就是流量，尤其是新手主播初次直播的时候，没有流量也就没有订单量，只有了解了直播间的重点流量入口，才能知道如何去提升各个渠道的流量来源。

以抖音为例，图5-7所示为直播间的8大重点入口以及它们的展现机制。

a）根据距离、人气、兴趣偏好推荐　　b）根据距离、兴趣推送　　c）仅粉丝可见　　d）千人千面

图5-7　直播间流量入口（数据来源：飞瓜数据）

e）人设＋直播信息吸引兴趣用户   f）根据搜索结果展示相关直播   g）可进入被连麦播主直播间   h）官方活动页展示相关直播间

图 5-7　直播间流量入口（数据来源：飞瓜数据）（续）

2. 直播流量类型

根据来源的不同，直播流量可以划分成两种类型——自然流量和付费流量。

（1）自然流量　自然流量，是指通过粉丝关注、内容分享和推荐等方式自发产生的流量。自然流量最大的优势就是免费，并且可以通过日常运营来不断获取新粉丝，进而促使算法系统加大直播流量的推荐力度，形成一个良性循环。自然流量用户都是基于真实兴趣主动关注，相对比较稳定，能够产生更高的转化率和用户参与度。

（2）付费流量　付费流量，是指通过广告投放和推广付费才能获取的流量。付费流量最大的特点就是灵活，在直播时可以根据流量反馈和节奏安排，实时动态调整当下付费流量的力度。付费流量的优势在于可以快速提升品牌曝光度和推广效果，尤其适用于新品牌或品牌需要快速扩大影响力的情况。付费流量相对于自然流量，作用更精准，目的是更高效地获取可能在直播间下单的"精准流量"，通过这部分付费流量的直播运营，提升直播间的互动率，平台算法系统会判定其为直播优质内容，以此加大直播间自然流量推送力度，从而达到既获取付费流量又赢得更多自然流量的双赢目的。

通常情况下，自然流量占比 70% 左右，付费流量占比较低，一般 20% 左右，剩余为其他流量，占约 10%，如图 5-8 所示。

总的来说，自然流量和付费流量在抖音直播带货中都具有重要性。自然流量可以帮助主播建立品牌粉丝群体和用户忠诚度，而付费流量则可以帮助主播快速拓展影响力和推广效果。根据主播的实际情况和推广需求，综合考虑两者的优势，有针对性地制定引流策略。

付费流量
20%

其他流量
10%

自然流量
70%

■ 自然流量　■ 付费流量　■ 其他流量

图 5-8　直播间流量占比

3. 直播引流逻辑

直播平台算法系统往往会根据用户标签将流量推入拥有相同标签的直播间，其推送逻辑有两个特点：一是智能分发；二是流量池推荐。

（1）智能分发　在开始直播后，系统会将信息分发到以下四种渠道，让直播间获取流量：

1）关注账号的粉丝。账号与粉丝之间因为具有相同的标签，因此具有强关联性，直播开始后会优先推荐给账号粉丝。

2）通讯录或者可能认识的人。如果直播账号开通了访问通讯录权限，那么通讯录中的好友也会看到账号直播，也可能成为自然流量。

3）同城推荐。开启同城定位的直播账号，系统会将直播间推荐给同城流量。

4）系统推荐。直播平台算法系统会对每位用户分配标签，平台会根据用户浏览过的短视频、直播间，搜索过的内容，关注过的账号，停留和互动过的内容，对用户进行标签定位，在相关账号直播时，系统会根据直播人气推送相同标签流量进入直播间。

因此，为了提高直播间流量，要在直播前迅速打通四个通道：引导关注、授权通讯录、开启同城、明确账号定位。

（2）流量池推荐　直播平台通常会对平台同时段在线流量进行分级，形成不同层级、不同属性的流量池。当账号开启直播时，直播平台会根据账号标签属性推送第一层级小流量池，把内容推荐给相同标签的用户进行直播数据测试。如果测试数据反馈不错，系统会判定直播内容很受欢迎，因此会将直播间推送到更大的流量池中。相反，如果第一波流量池反馈的用户数据不好，那么系统则会终止推荐。换句话说，直播内容越优质越能吸引流量，流量的驻留又会吸引更多流量进入，形成良性循环。因此，想要提升直播间人气，扩大直播间流量，就要想办法提升点赞、关注、评论、音浪、下单速度、停留时长等数据，如图5-9所示。

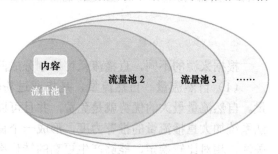

图5-9　直播平台流量池示意图

课堂讨论

请同学们讨论：有哪些具体的办法可以提高直播间点击率和转化率？

4. 直播引流方法

想要直播高质量，想要产品高成交，想要直播间高流速，那么需要掌握以下几种直播引流方法。

（1）设置有吸引力的直播封面图及标题　用户在进入直播广场后，首先看到的只有直播封面图和标题，直播封面图和标题的设计优劣，不仅直接关系直播间的点击率，还会影响直播间在直播广场的排名，因此做好直播封面图和标题的设计是直播引流的第一步，如图5-10所示。

1）直播封面图设计。直播封面需要高清图，且整体封面要有冲击力，突出色彩对比，如果不知道怎么做封面图，也可以从自己拍摄的视频中选出一帧画面作为封面图；或者由主播出镜，手拿产品的封面图也是比较常见的。

2）直播标题。尽量把直播标题控制在15个字以内，但不少于6个字，用一句话把整个直播的核心内容概括出来，站在

图5-10　直播封面图及标题

用户感兴趣的角度来描写；也可以针对产品描述，把亮点、促销点直接放在标题上，激发用户的消费心理。简单地说，就是文字要简洁，直戳用户内心，让用户有需要这个产品的心理，产生共鸣。

（2）做好直播预热　凡事预则立，不预则废，一场成功的直播背后离不开完备的筹划。要想摆脱流量困境，务必要做好直播预热。

1）个人主页预热。可以修改账号首页个人简介模块的信息，把直播时间和直播福利等相关信息通过账号主页展示给用户，让用户提前知道，准时进入直播间，如图 5-11 所示，每周六晚 7 点不见不散等。

2）发视频预热。直播开始前 1 天可以发直播预热视频，在视频里面体现直播时间和直播内容，用户刷到视频的时候如果正好在直播，就可以直接点击主头像进入直播间观看，视频如果热度足够高，会为直播间引来一波不小的流量，如图 5-12 所示。

3）站外平台预热。除了直播平台外，还可以在其他自媒体平台上做直播预告，如微信公众号、微博、小红书、知乎等，利用其他站外平台的流量为直播间多增加人气，如图 5-13 所示。

4）分享直播间链接。开播前鼓励粉丝分享直播间链接到朋友圈或其他社交平台，获取裂变红包或其他福利，扩大直播间宣传，如图 5-14 所示。

5）投放"Dou+"。"Dou+"是付费的形式之一，可以用数据比较好的短视频来做推广，为直播间进一步获取曝光量，可以给账号增粉或者是给直播间增加人气。

（3）了解直播转化数据　直播数据可以看直播转化率，适时调整。直播间产品会挂上小黄车，用户对产品有兴趣就会点击查看商品详情，可以看到"正在购买人数几人"的提示，大致可以判断用户对哪些产品更感兴趣，可以在这个产品的讲解上多停留一段时间，留存用户总量，减少部分进入直播间观看的人因为在线人数少而选择离开。

图 5-11　个人主页预热

图 5-12　发视频预热

图 5-13　站外平台预热

图 5-14　分享直播间链接

（4）**稳定直播，持续涨粉**　人们往往会对一些保持稳定更新的东西形成记忆点，所以直播时间可以固定下来，尽量每周直播 3—4 次，每次直播时间最好一致，比如每周一晚上 7 点直播，坚持且持续地输出，可以有效提高直播间权重，还可以涨粉。

（二）直播运营

1. 直播产品讲解

直播间的销售更多地需要通过对产品的详细讲解，引导用户通过主播的介绍和分析加强对产品的了解，进而对产品性能产生信任，然后再在直播间下单。因此主播了解直播产品要讲解的内容，掌握直播产品讲解技巧，显得尤为重要。

（1）直播产品讲解的内容

1）品牌故事。讲好故事是打动人心的重要手段。好的品牌故事不仅能够增加观众对商品的认知与好感，还能够通过主播富有人情味的讲解进一步提高品牌形象。特别是一些自创品牌，可能暂时没有很高的知名度，但是可以通过介绍品牌创始人、企业理念等，树立一个良好的品牌形象。

2）产品卖点。产品卖点是产品区别于其他产品与众不同的特色，在挖掘产品卖点时要充分考虑到用户的需求，将用户需求转化为产品卖点，如一款"口袋款洗手液"，虽然消毒杀菌是用户购买洗手液的实际需求，但是要看到购买这款"口袋洗手液"的用户更看重其方便携带的优势，因此就可以把"小巧便捷，外出必备"作为其卖点。此外，产品卖点是优于竞品的产品优势，因此可以通过对比竞品卖点来挖掘自己产品的卖点。值得注意的是卖点不是越多越好，选择 1—2 个有价值的卖点有利于迅速找准产品定位，赢得销量。

3）使用场景。直播过程中营造一种需要购买的使用场景十分必要。用户进入直播间时往往没有明确的需求，大部分下单购买行为都是由于直播间氛围、场景激起了用户的购买欲望。因此直播间需要主动还原用户的真实使用场景，通过直播话术与直播展示引发用户共情，产生需求意愿从而下单购买。

4）优惠促销。优惠促销能够塑造产品的高性价比。类似"限时抢购""8 折促销"等活动，能够强化消费者对直播间产品高性价比的认知。同时在长达 3—4 个小时的直播中，适时增加活动促销，降低消费者的疲乏感，提高消费者参与直播间互动的热情，维持直播间的活跃气氛，激发消费者的购买欲望。

（2）直播产品讲解的技巧   直播是做内容营销，主播讲解实力的强弱直接决定一场直播销售额的好坏，因此每一个直播团队成员都应该完全熟悉直播产品讲解的流程及技巧，如图 5-15 所示。

图 5-15   直播产品讲解流程

1）引出话题。开始直播时，主播可以提出某一个与产品相关的讨论话题，采用开放式聊天的方式，增强直播间吸引力与互动性。主播通过表达对话题的个人看法，引导话题向将要销售产品的方向发展。在此过程中，可以多使用能够调动用户情绪的语气词，设置具有辨识度的个人话术。

2）提出痛点。讲解产品时要从观众感兴趣的话题切入，同时，描绘产品的使用场景，挖掘用户的现实需求，激活用户的真实感受，使其产生需要下单购买产品的紧迫感。

3）建立信任。主播要深刻地理解产品的功能、工艺、产地、用途等信息，同时加大对产品的展示力度，亲自试用，展示给用户，也可以在直播过程中适时提及其他买家的评论，全方位打造信任感。

4）植入产品。直播要保证产品质量，强化对产品卖点的描述。讲清楚产品的适用场景、使用方式。针对最重要的 1—2 个用户痛点进行详细讲解。

5）引导消费。直播中，要强调产品效果，向观众传达付款购买产品能提供的价值，和商家谈优惠，给出具有竞争力的价格和优惠活动，营造购买紧迫感，促成交易。

2. 直播场控

一场进行时的直播充满不确定因素，优秀的直播场控对于直播来说非常重要，做好直播场控主要围绕把握直播节奏、优化用户体验、处理直播危机三个方面。

（1）把握直播节奏   主播作为直播活动的关键主体之一，起到串联直播环节的枢纽作用，必须掌控自己的直播节奏，保证直播能够顺利完成。下面以一场 120 分钟的直播为例，探讨直播过程中的时间分配和任务制定。

1）开播前 10 分钟：与粉丝互动。如果主播看到熟悉的名字，可以先向老粉丝表达问候，同时向直播间所有观众进行自我介绍，加深观众对自己的印象，并对新粉丝及路人的到来表示欢迎和感谢，同时提醒大家点击"关注"，加入粉丝群。

2）10—60分钟：商品展示。主播预告本场商品，提醒观众关注爆款商品，并且依据商品组合情况，逐一介绍商品。

在商品展示过程中，充分展现主播的特色，对提升直播效果有着至关重要的作用。主播需要始终保持良好的精神面貌，调动粉丝的参与热情。

尽管商品是介绍内容的核心，但是主播需要时刻关注粉丝的反应，包括评论、留言等。新手主播更需要呈现自己的专业性，突出自己的特色，在商品介绍中给粉丝留下深刻的印象，积累自己的人气。

3）60—80分钟：与粉丝互动。主播想要拉近与粉丝的距离，最快、最有效的方式就是聊天互动。为了让直播间聊天互动的氛围更加活跃，让直播内容更加充实，主播需要在日常多关注时事热点，收集趣味故事，在聊天互动时发起有趣的话题，引发粉丝共鸣。

同时，主播也可以参加主播PK等连麦活动，吸引不同直播间的粉丝，提升自己的知名度。

4）80—110分钟：抽奖送福利。在整场直播中，主播既可以在不同时段设置互动抽奖环节，也可以集中在某一时间点开展抽奖活动。

活动能够给粉丝带来更多参与感、满足感，吸引更多粉丝持续观看直播，并且期待下一次直播的到来。对于维系主播与粉丝的关系、激发粉丝购物热情发挥着重要作用。

5）110—120分钟：感谢、预告。主播要明确，能够一直观看到直播结束的粉丝大多数是最忠实的粉丝，更应该得到主播的关注。主播可以与粉丝聊一些轻松愉快的话题，真诚地向粉丝表达感谢。

同时，主播要向粉丝预告下一场直播的时间与内容，既能够为下一场直播做好准备，积攒人气，同时也能做好宣传动员，发动更多粉丝持续关注直播。

（2）优化用户体验　用户体验是指产品或服务带给人们的感觉，更是带给用户实实在在的价值。用户体验的关键在人，只有用户觉得有用、有好的体验，才是具有价值的。直播是典型的"以用户为中心"的活动。精美的画面、便捷的操作、流畅的互动都会让用户产生认同感和亲切感，增强用户与主播、用户与商品之间的情感。可以从以下五个方面优化直播间用户体验。

1）提高直播间的互动性。直播电商的一个重要特点就是互动性强，因此提高直播间的互动性是提高用户体验的重要手段。平台需要提供多种互动方式，例如直播间弹幕、送礼物、参与抽奖等，吸引用户的参与和互动，增加用户的黏性。同时，主播也需要积极互动，回应用户的留言和提问，增加用户的参与感和体验感。

2）优化直播间的界面设计。直播间的界面设计是影响用户体验的重要因素之一。直播平台需要提供简洁、直观、美观的界面设计，便于用户快速了解商品信息和购买流程。同时，直播平台需要优化直播画面和音质，提高直播间的清晰度和稳定性，增加用户的观看和购买体验。

3）提供个性化的推荐和服务。直播平台需要根据用户的兴趣和需求，提供个性化的推荐和服务，增加用户的购买欲望和体验感。直播平台可以通过用户行为分析和数据挖掘，精准推荐商品和服务，提高用户的满意度和转化率。同时，直播平台也需要提供便捷的售后服务和支付方式，提高用户的购买便利性和体验感。

　　4）提高直播内容的质量。直播内容的质量是直接影响用户体验的重要因素。直播平台需要提供丰富、有趣、有价值的直播内容，吸引用户的关注。同时，主播也需要提高自身的专业素养和表现能力，提高直播的质量和流畅度，增加用户的满意度和体验感。

　　5）提供多样化的商品和服务。直播平台需要提供多样化的商品和服务，满足用户的不同需求和购买行为。平台可以提供不同类型、不同价格、不同品质的商品和服务，增加用户的选择性和满意度。同时，直播平台也可以通过合作、联合、定制等方式，提供独特、个性化、高品质的商品和服务，增加用户的忠诚度和购买欲望。

　　（3）处理直播危机　在直播中，有时会发生一些突发状况，如设备故障、网络卡顿、负面评论等，这些问题都会影响到直播的质量和效果。如何应对直播中的突发状况，是每个直播团队都需要面对和解决的问题。

　　常见的直播危机包括：由于组织行为不当而引发的危机，如设备故障、产品上架不及时等；媒体失实报道引发的危机，如曲解主播意思，做出不实报道；突发事件引起的危机，如负面评论等。

　　处理直播危机（以负面评论为例）时主要考虑以下四个方面：

　　1）迅速回应和迅速行动。面对直播危机，关键是快速回应和采取积极行动。第一时间回应曝光事件，表达对事件的重视和对受众的关心。同时，要采取具体行动来解决问题，如调查事件真相、与相关方进行沟通或采取必要的纠正措施。这种积极的态度和行动将有助于恢复公众对主播的信任和支持。

　　2）保持冷静和专业。在危机中，主播需要保持冷静和专业，避免情绪化的回应。不要与发布负面评论的用户争论。相反的，应以专业和理性的态度回应质疑，提供事实和证据来澄清误解。通过展示自己的专业素养和冷静应对，主播能够赢得公众的理解和尊重。

　　3）积极利用社交媒体和粉丝力量。社交媒体是主播与粉丝互动和传播信息的重要平台。在出现直播危机时，主播可以积极利用社交媒体与粉丝进行互动，表达自己的立场和态度，解释事实真相，并感谢粉丝的支持。同时，主播可以借助粉丝力量来传播正面信息，鼓励粉丝发表支持和正面评论，帮助平衡负面声音，重塑公众对主播的认可。

　　4）寻求专业危机公关团队的帮助。如果危机超出主播团队的应对能力，寻求专业危机公关团队的帮助是一个明智的选择。专业团队具备经验和专业知识，能够制定有效的危机公关策略，帮助主播化解危机，恢复声誉。他们能够提供媒体关系管理、舆论引导和危机应对方面的支持，确保危机处理得当。

3.　直播粉丝转化

　　粉丝作为直播间消费的主力人群，对直播销售业绩起到至关重要的作用。如何判断直播粉丝价值，在直播间建立相互信任的关系，完成互动转化，提升粉丝体验，是本任务要解决的问题。

　　（1）直播粉丝的价值判断　粉丝可以为直播间带来热度与曝光度，蕴含着巨大的商业价值，重视粉丝的价值，学会分析利用粉丝价值是衡量直播营销能力的核心指标之一。

　　RFM 模型是用来分析用户价值与创利能力的典型模型之一，这里用来分析直播间粉丝的价值，如图 5-16 所示。

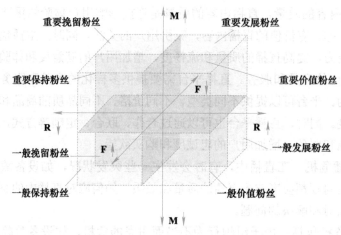

图 5-16　RFM 模型

RFM 模型中，R 是用户最近一次消费时间间隔；F 是最近的消费频率；M 是最近的消费总金额。

选取直播间同一件商品，对过去一个月内的消费数据进行赋值打分，对比判断，对粉丝进行分类，不同价值的粉丝采用不同的运营策略见表 5-11。

表 5-11　粉丝价值分类表

序号	粉丝分类	R	F	M
1	重要价值粉丝	高	高	高
2	重要发展粉丝	高	低	高
3	重要保持粉丝	低	高	高
4	重要挽留粉丝	低	低	高
5	一般价值粉丝	高	高	低
6	一般发展粉丝	高	低	低
7	一般保持粉丝	低	高	低
8	一般挽留粉丝	低	低	低

对于四类重要粉丝采用针对性运营策略：

1）重要价值粉丝：R、F、M 值都很高，对此类粉丝要建立专属档案，给予特殊权益；

2）重要发展粉丝：F 值低，但 R、M 值很高，要想办法提高此类粉丝消费频率；

3）重要保持粉丝：R 值低，但 F、M 值很高，此类粉丝是一段时间没有消费的忠实粉丝，应该主动与其保持联系，提高复购率；

4）重要挽留粉丝：R、F 值低，但 M 值高。此类粉丝即将流失，要主动联系粉丝，调查清楚出现问题的方面，并想办法解决。

（2）直播粉丝的转化　直播时，主播在遵守平台规则的条件下，可以引导粉丝加入平台粉丝团，再由粉丝团导流到其他私域中。那么如何吸引粉丝转化到其他私域呢？常见的方法有以下三种。

1）创造利益点。通过发放福利、领取优惠、赠送礼品等方式，吸引粉丝加入粉丝团，为粉丝团成员提供延伸服务，体现私域增值价值，并鼓励粉丝申请更多福利。

2）营造归属感。通过私域的共同偏好、共同话题、集体活动等形式，营造私域归属感，吸引粉丝聚集。可以为粉丝群设置固定的名称、粉丝昵称、粉丝认证等，增加群内仪式感，扩大加群吸引力。

3）售后引导。为高效服务售后问题，避免部分售后问题带乱直播间节奏，主播在直播时会引导粉丝加售后群，提供更贴心的服务，从而提升售后满意度。

 素养小课堂

一个成功的直播间离不开直播团队每个成员的辛勤付出。一个高效的直播运营团队需要团队成员之间有良好的协作精神，能够相互配合，共同完成直播运营的各项任务。作为团队成员，应定期与其他成员沟通交流，保持信息的畅通，团队分工应充分发挥成员优势，最大限度地发挥团队合力，为用户呈现出精彩纷呈的直播内容。

 任务实施

1. 策划直播引流视频

为"我为家乡代言"的主题直播策划并制作引流视频，在不同平台上投放，记录平台数据，评估投放效果。

引流视频制作基本要求：

1）画质清晰、曝光正常：视频分辨率至少达到720P，不过度美颜磨皮，不出现大面积反光。

2）字幕不遮挡关键信息：字幕不遮挡关键内容，如出镜人、品牌信息、产品细节等。

3）保证音质良好：保证人声清晰稳定，背景声音不嘈杂。

4）背景布置整洁：尤其注意档口、柜台、生产线等背景布置，减少杂乱画面。

5）画面稳定不抖动：避免画面晃动，尽量拍出稳定完美的效果。

6）真人出镜：鼓励真人出镜及口播，至少要有字幕内容，不建议全程配音。

7）时长和画幅：20—90s为宜，节奏明快不拖沓，直播开始的前5秒直接阐述视频的核心重点。

任务步骤 ◎

步骤1：制定引流视频拍摄方案，细化拍摄步骤，准备拍摄设备、人员及物料，约定拍摄时间、地点。

步骤2：分镜头展开拍摄，多角度采集视频，获取优质视频素材。

步骤3：剪辑引流视频，设计视频封面，编辑视频标题，按要求上传到不同平台。

步骤4：检测各平台的浏览量、点赞量、评论量、转发量，评估不同平台的引流效果。

2. 组织实施主题直播

选择合适的直播平台，组织实施"我为家乡代言"的主题直播活动，初步学会完成一场完整直播。

任务步骤 ⊙

步骤 1：制定行动计划，合理分工，明确责任。

步骤 2：开通平台账号，正式直播前完成 2—3 次试播，熟悉平台基本操作。

步骤 3：直播团队完成前期宣传，评估直播销量，制定应急预案，搭建直播间，准备好直播所需各项物料。

步骤 4：主播熟悉直播商品，熟悉直播脚本，做好妆造，心态平稳。

步骤 5：开展直播活动，主播介绍商品、运营查看数据、助播完成配合、场控现场协调，团队协作，各司其职。

步骤 6：完播后，及时分析直播数据，复盘总结，汲取经验，吸取教训；

任务考核

同学们完成任务实训后，教师根据学生实训的情况为同学们打分并点评，相关内容填写在表 5-12 和表 5-13 中。

表 5-12　任务考核表 1

序号	考核内容	分值	教师打分	教师点评
1	视频素材拍摄质量是否达标	30		
2	视频剪辑质量是否达标	20		
3	视频文案和视觉创作能力是否满足基本要求	30		
4	团队配合是否默契	20		

表 5-13　任务考核表 2

序号	考核内容	分值	教师打分	教师点评
1	计划制定是否得当	20		
2	准备工作是否充分	20		
3	直播过程是否达标	40		
4	团队配合是否默契	20		

项目 6

社群类新媒体运营

习目标

知识目标

- 了解社群与社群运营的基本概念；
- 理解社群类新媒体的主要类型；
- 掌握社群的构建方式；
- 理解社群成员的四方面内容；
- 理解社群运营管理的方法。

能力目标

- 能分析各类社群类新媒体的优势；
- 能创建社群，能对社群成员进行管理。

素质目标

- 通过项目实践，提升成员协助、团队互助意识；
- 通过项目实践，树立创新意识、创新精神。

知识结构图

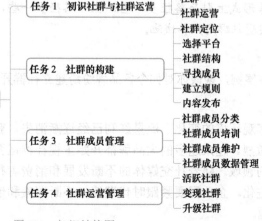

图 6-1　知识结构图

某品牌咖啡销量日增 3.5 万杯的秘密

2020 年 7 月份某品牌咖啡的私域用户就已经超过了 180 万人，一共建立了 9000 多个围绕门店的用户福利群。

由此直接带来每天 3.5 万杯的订单，普通客户变成社群用户之后，月消费频次提升了 30%，周复购人数提升了 28%，MAU（Month Active Users，月活跃数）提升了 10% 左右。

该品牌利用企业微信同时打造了自己的多个社群，让 APP 流量转向私域流量。它的社群以连锁门店的地理位置为依托，用户在 APP 下单后，再在界面中扫描二维码，添加客服企业微信号，获得加入社群的入口，扫码进群。新人入群后即获得一张 4.8 折全场饮品券，信息以文字＋小程序的形式发送。他们的企业号只负责发布消息和发放小程序优惠券，在企业微信后台批量设置，将话术和小程序迅速传达到各个社群。常见的社群福利（见图 6-2）包括：

图 6-2 社群福利

1）入群立得 1 张 4.8 折全场饮品券。入群的福利是有过调整的，最初的优惠券是 3.8 折，另外优惠券的有效期为 3 天。

2）每日群发 15 元全场抵扣券。每天群里面会发一张 15 元抵扣券，但并非人人都有份，需要参与抽奖活动。

3）超低价促销商品。在微信群内设置专属的折扣商品，一天一般推送两次，但有专属社群专享价的产品页面，分为四个时间段限量销售。

该品牌建群的目的是以大额优惠券为福利，吸引用户进群，让 APP 流量变为私域流量，利用优惠券小程序多次且长期触达用户，让用户有多次优惠下单的机会，增长咖啡销量。通过粉丝的聚焦，利用优惠券小程序进行传播裂变，让咖啡"折上折"，继续在微信生态里面吸引用户，并且用户定位更加精准。

通过搭建运营社群，打造一个品牌福利活动不断的信息共享群。持续激发用户的活跃度，操作形式上引导路径多一些，操作路径少一些，逐步培养用户定期消费的行为习惯，最终实现社群用户私域池。

案例思考

结合本案例，谈谈你对如今各品牌纷纷建立社群开展营销活动这一举动的看法。

案例启示

由于客观环境的变化，流量红利已经逐渐消失，获客成本越来越高，企业间的竞争也越来越激烈。越来越多的大品牌都开始重视社群运营，社群运营已经成为各大企业越来越重视的领域。随着社交媒体的不断发展和消费者行为的不断变化，社群运营也将持续发展和进化。企业需要紧跟时代潮流，不断探索和创新，才能在竞争激烈的市场中立于不败之地。

任务1 初识社群与社群运营

任务描述

随着社会的快速发展，以前企业占据的流量优势逐渐减弱，社群慢慢成为大家关注的新流量获取源，由于社群附着在人际关系下，获取的流量往往被赋予一层信任，使得社群获取的用户更具有忠实性与精准性，企业、商家也更容易实现流量变现。实现流量变现可以通过社群运营，运营社群前提是拥有社群，社群非一日建成，其中涉及的工作很多。本任务将对社群及社群运营的基本概念、特点、组成因素等方面进行介绍，帮助社群运营人员更清楚地了解社群及社群运营。

知识准备

社群并非只是组建群聊，社群就是人与人强关系交流互动的组织媒介。下面对社群和社群运营的概念等进行介绍。

（一）社群

1. 社群的概念

社群的概念，可以从广义和狭义两个方面来理解。

社群进化历程

1）广义的社群指在某些边界线、地区或领域内发生作用的一切社会关系。指在实际的地理区域或是在某区域内发生的社会关系，或指存在于较抽象的、思想上的关系。

2）狭义的社群指通过共同的兴趣、爱好、信仰等，将人们有机地聚合在一起，形成一个有价值的生态圈，产生群蜂效应，在一起互动、交流、协作，对产品品牌本身产生反哺育的价值群体。

2. 社群的特点

与一般的群相比，社群是一种社会关系，具有的特点见表6-1。

表6-1 社群的特点

社群的特点	内容
共同的兴趣/目的	拥有共同的兴趣/目的，是判断是否是社群的关键点
高效的工具/平台	拥有高效的工具/平台，可以使得社群工作沟通协作更方便
优秀的管理者	具有强大个人魅力的成员，他们能够增强社群活力与凝聚力，是社群核心联结点
一致的行动	社群中成员之间有着密切的联系，彼此的行动也是相对一致的

3. 社群的构成因素

在搭建社群之前，首先要了解的是社群的构成。一个社群由共同爱好、结构、内容输出、运营管理、可复制五方面构成，想要搭建一个社群需要基于这五个构成因素，如图6-3所示。

（1）共同爱好　社群构成的第一要素是共同爱好，它是社群成立的前提条件。这个要素可以是基于某一个产品、行为、标签等。如手机爱好群体、读书爱好群体、星座爱好群体等。

图6-3　社群的构成因素

（2）结构　社群构成的第二要素是结构，它决定了社群的存活时间。这个结构包括群成员、群平台、群原则、群管理。

1）群成员：发现、号召起那些有"同好"的人组成社群。

2）群平台：可供群成员进行交流聚集的平台，现在比较常见的如QQ群、微信群等。

3）群原则：社群设置后，可以通过设定一些筛选机制作为门槛，这样可以保证社群质量。比如在人员进入社群的时候可以设置"你是通过什么方式了解到我们的？""加入群聊后你想获取什么资料"等问题了解人员的目的，提高门槛。

4）群管理：当社群成员到达一定数量后，必须有管理，不然会有大量的广告，这会让很多人选择屏蔽该社群。所以，一要设立管理员，二要不断完善群规。

（3）内容输出　社群构成的第三要素是内容输出，它决定了社群的价值。若社群不能持续提供价值，社群活跃度就会慢慢下降，群成员就会选择退群。为了防止这种情况发生，好的社群一定要能够给群成员提供稳定的内容输出，群成员才会认为社群有留下的价值。

（4）运营管理　社群构成的第四要素是运营，它决定了社群的寿命。不经过运营管理的社群很难有比较长的生命周期。

（5）可复制　社群构成的第五大因素是可复制，这决定了社群的规模。当一个社群成熟到其管理和维护可以快速复制、可以帮助后续社群越做越大时，可以帮助品牌后续开展规模化发展时，说明这个社群基本成功了。

（二）社群运营

1. 社群运营的概念

社群运营是以社群为渠道载体，建立群规范将群体成员以一定需求纽带联系起来，使成员之间有共同目标和持续的相互交往。简单来说，社群运营是一种关系的维护，即通过运营，帮助品牌提高社群成员的转化率。

课堂问题

社群运营和社群管理是否有区别？

2. 社群运营和社群管理的区别

社群运营就是社群管理吗？很多人认为这两者是一个意思，其实不然，这种认知是错误的，两者是包含关系，社群管理包含社区运营。

社群管理，简单来说就是管理一个社群，管理社群包含社群建立、选择用户、选择产品、社群运营、社群维护等。所以社群运营只是社群管理中的一部分，如图 6-4 所示。

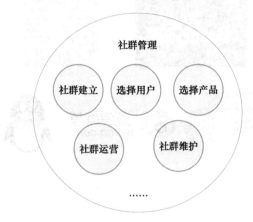

图 6-4　社群管理和社群运营的区别

3. 社群运营包含的内容

社群运营包含四个方面：拉新、留存、促活、变现。

1）拉新是指社群裂变，吸引新鲜血液加入社群。正常的社群拉新是以用户扫描海报上的二维码进群或者是以添加客服进群的形式。

2）留存是指在社群里提供一些对用户有帮助的，或者是用户感兴趣的信息等，使得用户感受到社群价值，并选择继续留在社群。这些工作是需要长期、持续进行的，以留住用户为目标。

3）促活是指管理员经常与社群成员进行互动，活跃社群让用户自发地想打开社群，能在社群里找到自己喜欢的事物，帮助活跃社群。

4）变现是指社群资源变现的过程，社群管理者通过一系列方法，让社群成员愿意为社群产品付费，变现率越高，社群的价值也就越大。

具体内容会在任务 4 社群运营管理中讲解。

4. 社群运营平台

社群运营平台主要是提供用户分享文字、图片、视频等内容的功能，提供用户之间的互动交流服务。我国常见的社群运营平台主要有新浪微博、百度贴吧、豆瓣、QQ、微信等。

1）新浪微博是一款由新浪公司开发的社交媒体应用，它提供文字、图片、视频等多种形式的内容分享服务。

2）百度贴吧是一个由百度公司开发的社交网络平台，它主要为用户之间提供讨论和交流服务。

3）豆瓣是一款由豆瓣公司开发的社交网络平台，它主要为用户之间提供讨论、分享、交流服务。

4）QQ 是一款由腾讯公司开发的社交媒体应用程序，它主要为用户之间提供讨论、分享、交流服务。

5）微信是一款由腾讯公司开发的社交媒体应用程序，它提供文字、图片、视频等多种形式的内容分享服务，如图 6-5 所示。

图 6-5　部分社群运营平台

任务实施

1. 了解你身边的社群

同学们可以打开自己的社交平台，举例说明存在你社交平台中你认为的社群，并说明你是通过什么方式进入社群的。

任务步骤 ⊙

打开手机社交软件，根据前面所学社群的概念及特征，判断是否为社群，进行信息归纳，并填写在表 6-2 中。

步骤 1：认真阅读社群的概念及特征。

步骤 2：根据所学内容判断自己所加入的群是否符合社群特征，并填写表 6-2。

步骤 3：可以与同学们进行互动交流，判断自己对社群的概念与特征是否已经清楚了解掌握。

表 6-2　我身边的社群

社群名称	通过什么途径加入	社群现状

2. 了解哪些产品适合做社群

任务步骤 ⊙

围绕"哪些产品适合做社群"展开搜索，搜集并总结适合做社群产品的特点，填写在表 6-3 中。

步骤 1：观察身边的社群，了解身边社群产品特点，并进行归纳。

步骤 2：可上网了解"适合做社群的产品"，对表 6-3 的内容进行补充。

表 6-3 适合做社群的产品特点

产品	特点

任务考核

同学们完成任务实训后，教师根据表 6-2 和表 6-3 填写的情况为同学们打分并点评，相关内容填写在表 6-4 中。

表 6-4 任务考核表

序号	考核内容	分值	教师打分	教师点评
1	是否正确认识社群概念	20		
2	是否能掌握社群特点	20		
3	是否能了解社群运营的基本内容	30		
4	是否能列举哪些产品适合做社群	30		

任务 2 社群的构建

任务描述

构建社群是社群管理最基础的工作，社群运营者第一步要做的就是构建社群，只有把社群构建完毕，才可以陆续开展之后的工作，如果能够较好地构建社群，也是在为后续开展社群工作打下良好基础，构建社群并非只是人员的汇集，社群运营者需要综合考虑社群定位、社群成员、社群平台等问题，本任务将对如何构建社群进行进一步讲解，更加详细地讲解构建社群的六个步骤。

知识准备

完整构建一个社群需要经历六个步骤，即社群定位、选择平台、社群结构、寻找成员、建立规则、内容发布。下面即对这6个步骤进行详细讲解。

（一）社群定位

1. 社群定位的概念

社群定位是构建社群的第一步，应明确你希望社群达到的目标。确定社群的主题、领域或兴趣点，并明确你希望社群成员具有的特点和共同点，包括建立社群的目的、建立社群的类型、对用户的定位等。

2. 社群定位的内容

（1）目的定位　在构建社群的时候，需要明确即将要搭建的社群是用来做什么的，如果社群运营者自己都不清楚建立社群用来做什么，随意构建社群后会导致群成员进群后也无法获取任何需求，久而久之，社群就会解散，所以在构建社群之前一定要认真思考，未来这个群可以给群成员们提供什么价值。

比如社群运营者想要帮助大家做短视频，可以成立一个视频剪辑学习群；想要一起交流运动经验的，可以成立一个运动健身群。明确社群的定位，也是明确后续给用户提供哪些方面的内容。

（2）类型定位　在构建社群时候，社群运营者也要思考社群的类型，建立的社群属于什么范畴。根据不同的分类方式，社群可以有多种类型。

按照功能分类，社群包括消费型社群、知识型社群、爱好型社群等。

1）消费型社群以购物消费为主，社群运营者以提供产品和高质量服务来维护群用户。

2）知识型社群受众加入社群一般都具有比较明确的学习技能或者掌握某些技能的目的，一般可以分为培训社群、学习成长社群、行业交流社群等。

3）爱好型社群，这类受众常以相同的兴趣爱好汇聚在一起，具有更强的情感功能。兴趣爱好可分为人、物、事三个方面，如图6-6所示。

图6-6　爱好型社群

按照主题分类，社群包括品牌型社群、任务型社群、行业型社群、成长型社群等。

1）品牌型社群以品牌产品为核心，为用户提供服务、答疑、宣传等与品牌相关的内容。

2）任务型社群基于共同的任务目标而建立，任务完成后即可解散。

3）行业型社群基于共同的行业或职业，将拥有一定资源的用户聚集在社群内。

4）成长型社群以学习提高某项技能为目的，核心是关注个人自身的成长。

（3）用户定位　社群做好用户定位，才能更精准地寻找用户，更好地运营社群，提高社群的转化率，用户定位可以从用户标签和用户需求两方面入手。

1）用户标签：要充分了解社群用户是什么类型的用户，包括性别、身份、年龄、城市、学历、职业和喜好等。

2）用户需求：基于用户标签，结合问卷调研、内容输出阅读数统计、用户访谈等手段，充分了解用户真正的需求是什么，尤其是明确痛点需求是什么。

（二）选择平台

社群运营者需要选择合适的社群平台，可以让未来社群管理工作事半功倍。接下来介绍目前比较常见的四个社群平台。

1. QQ社群

QQ社群是腾讯公司开发的一个社交工具，它允许用户在一个共同的平台上交流、分享、互动，增强彼此的社交联系。该平台可以用来创建各种主题群组，例如兴趣爱好群、行业交流群、亲友群等。在群组内，用户可以通过聊天、文件共享、视频通话等方式交流，如图6-7所示。

图6-7　QQ社群

QQ社群的特点见表6-5。

表6-5　QQ社群的特点

特点	内容
覆盖面广	使用人群基数大，QQ社群具有更广泛的覆盖面
容量大	QQ群容量可以超过500人，甚至可以达到2000人
管理手段灵活	如修改群名片、禁言、群发消息等
交互功能强大	支持多群同时互动
链接兼容性好	基本对链接没有屏蔽，对网络跳转的兼容性比较好
群管理拥有管理权	群管理拥有管理群员的权利，对大社群的运营更加方便

2. 微信社群

微信社群是指基于微信平台建立的一个或多个社交群组，可以由个人、企业、组织或其他团体创建和管理，目的是为了聚集一群有共同兴趣、目标或需求的用户，提供一个交流、分享、互动的平台，如图6-8所示。微信社群具有的特点见表6-6。

图 6-8 微信社群

表 6-6 微信社群具有的特点

特点	内容
强大的社交功能	用户可以通过朋友圈、私信、群聊等方式进行社交，方便用户之间的交流和互动
丰富的社交工具	如小程序、公众号、微信支付等，提升了用户体验
精准的消息推送	可以根据用户的兴趣和行为进行精准推送，提高了用户参与度和满意度
强大的用户管理	可以方便地对用户进行管理、分类和标签化，有助于社群运营者更好地管理用户
便捷的互动方式	如红包、投票、问答等，方便用户进行互动，提升了社群活跃度

3. 微博社群

微博社群是由一群微博用户基于共同的兴趣、话题或目的进行交流和互动的群体。这些群体可以通过微博的粉丝群、超话等社交功能进行组织和交流。在微博社群中，人们可以通过发布微博、评论、转发等方式与其他成员进行交流和互动。

微博社群的特点见表6-7。

表 6-7 微博社群特点

特点	内容
成本低	建立社群不需要太多的资金投入，只需要创建一个微博账号，就可以快速建立自己的社群
门槛低	任何人都可以加入微博社群，只需要通过搜索找到自己感兴趣的群组，经过简单的申请即可加入
用户精准	群成员都是具有相似需求的用户，企业或组织可以更精准地定位目标用户
传播高效	微博社群中成员之间的互动是实时进行的，信息传播迅速，可以快速聚集起大量用户

4. 豆瓣社群

豆瓣社群是通过豆瓣网站建立的社交群体，成员们基于共同的兴趣、话题或目的进行交流和互动。豆瓣社群可以包括电影、图书、音乐、旅行、美食等方面的豆瓣小组，也可以是特定主题或活动的社区。豆瓣社群具有的特点见表 6-8。

表 6-8　豆瓣社群具有的特点

特点	内容
互动性强	成员可以参与讨论、提问、回答等问题，与其他成员进行互动和交流，增强自己的社交能力和互动能力
信息丰富	成员可以分享自己对某部电影、某个音乐等的经验、见解和感受，也可以获取他人的信息和知识，从而拓宽自己的知识面
氛围友好	豆瓣社群注重成员之间的友好交流和和谐氛围
种类多样	涵盖了电影、图书、音乐、旅行、美食等各个领域的小组，成员可以根据自己的兴趣加入不同的小组，与不同的人群进行交流和互动

（三）社群结构

社群结构可以分为两种，分别是环形结构与金字塔结构。社群运营者要认真分析两种结构的运营方式，选择合适的社群结构，才能帮助社群健康发展。

图 6-9　环形结构

1. 环形结构

社群的环形结构是指社群中每位成员都是平等的，且成员之间没有一个固定关系。不是只有一个具有影响力的意见领袖，而是一群活跃小伙伴对社群的带动，环形结构如图 6-9 所示。

环形结构的优缺点见表 6-9。

表 6-9　环形结构的优缺点

优缺点		内容
优点	群活跃度高	多个 KOL 可以带来多种思想碰撞，使得群成员较容易产生新想法，也更容易促进成员之间的情感联系，提高了社群活跃度
	信任关系好	成员之间相互依存、平等交流，建立了良好的信任关系
	成本效益高	成员之间的自我调节和协商可达成一致意见，减少了管理成本和沟通成本，提高了成本效益
缺点	管理较困难	没有明确的领导和指挥关系，成员之间都有各自的意见，管理相对困难
	易导致社群分化	若 KOL 之间意见不同或有矛盾，各自 KOL 的忠实粉丝容易形成小圈，导致社群分化

2. 金字塔结构

金字塔结构包括了目标用户、管理成员、意见领袖。群成员之间是分层的，其中最高层的是意见领袖，是群内最具有影响力的成员，也是规则制定者；位于中间的是管理人员，配合意见领袖进行群内日常工作管理；第三层是目标用户，是社群内容/产品的目标成员，金字塔结构如图 6-10 所示。

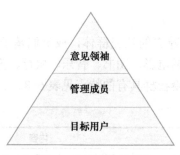

图 6-10 金字塔结构

金字塔结构的优缺点见表 6-10。

表 6-10 金字塔结构的优缺点

优缺点		内容
优点	易于管理	有明确的层次和结构，有明确的管理规范和规则，有利于社群的管理和维护
	易于推广	通过层级传递，从而快速传播信息，利于推广品牌和宣传活动
	较稳定	每个成员都有明确的职责和任务，分工细致，有利于提高社群的效率和稳定性
缺点	限制较多	存在等级制度，可能存在上层领导决策过于集中，忽略成员意见的情况，也容易导致群活跃度不高的情况出现
	易受攻击	存在集中管理的风险，对管理人员能力要求较高，若管理不当，可能会导致整个社群的解散或受到外部攻击

（四）寻找成员

建立社群后，社群运营者要通过各种方法去寻找成员，第一批成员在社群后续发展中也起着非常重要的作用，为后续社群运营奠定坚实的基础。在寻找成员之前，社群运营者必须事先分析目标成员特点。

1. 分析目标用户

分析目标用户包括分析其特点及活跃的时间、场景，其中特点包括潜在用户的性别、年龄、地域、职业、消费能力、消费偏好等。分析目标用户的原因是为了后续更好地策划吸引用户的方案，更精准地寻找用户。

2. 寻找用户的方法

1）利用社交媒体：在社交媒体上发布群组链接或宣传信息，吸引与群组主题相关的人群加入，或者通过各平台发布有价值的内容或提供免费资源，吸引相关人群加入。如在某平台上利用免费的 PS 教程吸引目标群体，在视频最后或者开始添加进入社群的方法，吸引更多想学习 PS 技术的人群加入。

2）利用线下活动：组织线下活动，如聚会、展览、讲座等，吸引与群组主题相关的人群加入。

3）利用搜索引擎：通过搜索引擎优化技术，提高群组网站的排名，吸引更多人找到并加入群组。

4）利用口碑传播：通过朋友、同事、合作伙伴等进行口碑传播，吸引更多人加入。

（五）建立规则

一个社群若想要健康长久发展，建立有效规则是非常重要的，社群规则一般包括以下

几个内容

1. 加入规则

没有门槛的社群，容易沉淀较多不积极的人员，不利于群后期管理，社群运营者可制定加入规则。

1）需要符合一定的条件：例如年龄、性别、地理位置、兴趣爱好等，这有助于保证社群的质量和氛围。

2）需要完成一定的动作：例如完成答题、任务或者进行付费才能入群。

3）需要得到群管理者的批准：申请通常需要得到群管理员或群审核员的批准，这有助于确保社群的品质。

2. 言论行为规则

规定成员在社群内应该如何表达观点、交流思想，以及不应该发布什么内容。规定成员在社群内的行为准则，例如，不得侵犯其他成员的权益、不得进行恶意攻击、不得发布虚假信息等。

3. 违规处理规则

规定成员在社群内的行为必须符合法律法规和道德规范。若产生违法违规行为，群管理者可进行警告、禁言、移除、举报等行为。

社群的规则建立后，群管理者要进行强调并严格执行，同时社群规则需要进行定期更新审查，以确保其与社群的宗旨和成员的需求保持一致。

（六）内容发布

社群建立后，社群运营者一定要定时进行内容发布，社群的吸引力来自于群内 KOL 提供有价值的内容和资源。可以发布有关社群主题的文章、新闻、图片、视频等内容，吸引目标人群的关注，如专业知识分享、行业动态、教程和指导等。这将吸引更多的人参与社群，并增加社群的活跃度。

社群内容发布要注意以下几点。

1）内容类型：社群内容可以包括文本、图片、视频、音频等多种形式，需要根据目标用户的兴趣和需求来选择合适的内容类型。

2）发布频率：需要根据社群的特性和目标受众的活跃程度来制定合理的发布频率，过度发布信息可能容易引发群成员屏蔽群消息，过少发布会降低群的活跃度，所以社群运营者要合理发布信息。

3）成员互动：发布内容后，可邀请群成员进行互动交流，社群运营者要及时回复用户的评论和问题，与用户保持积极的互动和沟通，以增强用户的参与感和忠诚度。

任务实施

1. 分析你所加入的社群

同学们可以根据前面所学习的社群搭建的六步骤，选择加入一个社群，深入分析你所

加入的社群

任务步骤 ⊙

步骤1：认真理解构建社群的六个步骤的含义。

步骤2：对照所学内容，分析你所寻找的社群，并填写在表6-11中。

表6-11　社群分析

社群名称	社群性质	加入社群的方法	社群规则	社群内容发布（形式、频率）

2. 尝试设计构建社群方案

同学们可以根据前面所学习的构建社群的六个步骤，选择一个自己感兴趣的方面，尝试设计构建社群的方案。

任务步骤 ⊙

步骤1：可观察同类型社群构建方式。

步骤2：可根据所学六步骤上网寻找相关案例。

步骤3：选择一个自己感兴趣的领域，根据构建社群的六个步骤，尝试设计自己的一个社群。该任务可另附纸，表6-12仅作为思路引导。

表6-12　我所设计的社群

步骤	内容
社群定位	
选择平台	
社群结构	
寻找成员	
建立规则	
内容发布	

 任务考核

同学们完成任务实训后，教师根据学生实训的情况为同学们打分并点评，相关内容填写在表6-13中。

表6-13　任务考核表

序号	考核内容	分值	教师打分	教师点评
1	是否正确认识构建社群的六个步骤概念	30		
2	是否能有条理地分析身边社群构成	30		
3	是否能根据产品的特点，设计合理的社群构建方案	40		

任务3 社群成员管理

任务描述

社群成员在社群中有着重要的作用,社群成员管理包括成员分类、培训、维护和数据管理等内容,通过对成员的管理,可以维护社群秩序、提高社群效率、增加成员信任等,促进社群的正常运行,并提升成员的体验。

本任务将对社群成员的分类、培训、维护和数据管理这几方面进行介绍,帮助社群运营人员更清楚地了解社群成员管理。

知识准备

社群成员招募结束后,社群运营者首先要对成员进行分类。根据选定的结构对成员进行分类,分类完毕后进行群规则的培训,让成员们熟悉群规,更好地参与到社群之中。群成员的维护是社群成员管理的重点板块,管理成员要通过各种方式、途径留存成员,利于社群后期运营。

(一)社群成员分类

社群成员按照成员身份分为三类:KOL、管理成员、普通成员。社群建立后,需对社群成员进行分类,以便进行不同的管理策略。

1. KOL

KOL指在某个领域内具有权威地位的人物,他们在社群中拥有较高的知名度和影响力,能够影响其他成员的意见和行为。

2. 管理成员

管理成员指具有管理群内秩序、清理群内垃圾信息、维护群内环境等权力的人,管理人员一般是运营团队的人员,辅助KOL进行社群管理。

3. 普通成员

普通成员指社群中没有担任特殊职责或拥有特殊权力的成员。他们通常是社群数量最庞大的群体。普通成员在社群中的主要作用是参与社群的活动和讨论,分享自己的观点和经验,为社群贡献自己的力量。

(二)社群成员培训

为了更好地发挥社群的作用,提高社群成员的素质和行为,需要对社群成员进行培训,主要是对成员进行社群规则、交流技巧、分享和传播内容等方面的培训。

1. 社群规则

要求社群成员认真了解并遵守社群规则,不得发表违反规则的内容。尊重社群中其他成员的观点和意见，不得进行人身攻击或恶意评论。

2. 交流技巧

鼓励社群成员积极参与社群讨论，发表积极向上的观点和意见，为社群营造良好的氛围。用清晰、简明的语言表达自己的观点和意见。认真倾听社群中其他成员的观点和意见，并给予适当的反馈和回应。

3. 分享和传播内容

鼓励社群成员积极在社群中分享自己认为有价值的内容，也可以分享自己对社群产品或内容的感受及态度，为社群中其他成员提供帮助和参考。同时社群成员也可以积极传播社群的价值观和理念，提高社群的影响力和知名度。

（三）社群成员维护

社群成员维护是社群成员管理中比较重要的一个部分，社群运营者需要使用一定的策略留住成员，让成员活跃起来，并积极关注群内成员的需求动态，及时调整策略，解决成员的问题。接下来介绍几种留存成员的方式。

1. 情感留存

如果社群成员对社群有着较多的情感，他们就会成为社群的忠实成员，可以通过增强社群成员的仪式感、归属感及参与感，提升社群成员对社群的情感。

（1）仪式感　仪式感是指社群成员在社群活动中形成的一种情感体验，通过一定的仪式和规范，可以增强社群成员的凝聚力。如读书分享社群通过每日书签分享，增强社群成员每日阅读的仪式感。几种增强仪式感的方式见表 6-14。

表 6-14　增强仪式感的方式

方式	内容
入群仪式	新成员加入社群时，社群其他成员向其表示欢迎，并介绍社群规则和互动方式等
讨论仪式	主题讨论时，提前说明讨论规范和流程，并鼓励社群成员积极参与
活动仪式	对即将开展的活动准备相关仪式，并说明活动内容、参与方式
节日仪式	对于一些特殊节日或者是社群相关的日子，要有特殊的活动庆祝

（2）归属感　归属感是指社群成员对社群的整体感觉和情感联系，能使得社群成员认为自己属于这个社群并且被接受和认可。如某社群成员比非社群成员多获取福利，使社群成员感受到偏爱，也容易让社群成员获得归属感。几种增强归属感的方式见表 6-15。

表 6-15　增强归属感的方式

方式	内容
共享价值观和文化	社群有自己独特的文化和价值观，成员认为自己认同这些价值观和文化，并与其他成员一起分享和强化这些价值观和文化
共同记忆	社群成员之间有共同的经历和记忆，这些共同的经历和记忆可以增强社群成员之间的联系和情感
身份认定	社群成员认为自己属于这个社群，并认同自己在这个社群中的身份和地位
互相支持帮助	社群成员之间互相帮助和支持，让其他人感到温暖和关爱

（3）参与感　参与感是指社群成员在社群互动中的参与程度，社群管理者可以通过组织线上线下活动、鼓励社群成员发言等方式来增强社群成员的参与感。如读书分享群可以适时组织线下读书分享会并邀请社群成员参与，增加成员参与感。增强参与感的方式见表 6-16。

表 6-16　增强参与感方式

方式	内容
打卡活动	可以设置每日签到、分享打卡、参与打卡等方式，累计打卡积分后可升级，鼓励社群成员积极参与
线下活动	组织线下分享活动、线下聚会等，增强成员间的熟悉感，信任感
话题讨论	适时推出可讨论的话题或互动问答，可设置奖品或积分鼓励社群成员积极参与
分享信息和资源	为社群成员提供帮助和支持，解决其他社群成员的问题和困难，增强社群的凝聚力和互信度

2. 内容留存

在社群管理中，能够保持社群成员留存的最重要的一点就是社群提供的内容质量，这里的内容包括知识内容与产品内容。当社群成员感觉到获取的内容高于其期望值时，就会持续留在社群，社群运营者要选取合适的知识与产品推送到社群内。

（1）知识内容　社群运营者要及时推送有价值、内容丰富、形式多样的知识信息，社群只有持续向社群成员输出知识内容，帮助社群成员解决一些问题，满足社群成员的一些需求，可以保证社群成员的留存率。具体知识内容的特点和体现方式见表 6-17。

表 6-17　具体知识内容的特点和体现方式

特点	内容	体现方式
有用	提供的内容可以给予社群成员一定的帮助，解决一些问题	某产品的搭配使用方法等
有利	提供的内容可以给予社群成员一些利益、好处	发放优惠券，优先获得一些名额等
有趣	提供的内容可以吸引社群成员，吸引他们真正参与其中	讨论热点话题等

（2）产品内容　在社群中，产品内容是最能持久留住社群成员的，当成员感受到产品有足够吸引力的或者是物超所值的，就会持久性地留在社群中，社群运营者需要挑选哪些产品才能留住社群成员呢？主要是以下三类产品。

1）特色产品。特色产品是非常适合用于社群的，而且特色越明显就越吸引人。比如某湖南特色菜品牌，在北京有很多湖南人，他们时刻思念着家乡的味道，这个品牌的出现，解决了许多在京湖南人的"相思之苦"，可以让在京的湖南人品尝到家乡的味道。

2）互动产品。这类产品可以让多个有共同兴趣爱好的人一起使用。例如，在一家火锅店吃火锅就具有群体性，大家一起共享美食，自然很受欢迎。

3）高性价比产品。当社群成员能在社群中感受到产品的高性价比，使他们与其他同类型产品比较之后有强烈的获利感，比如社群提供了功能更全、价格更实惠的产品，社群成员会有性价比高的感受，从而促使其留在社群。

3. 服务留存

在如今竞争激烈的情况下，社群如果不注重对社群成员的服务，也容易使社群成员流失，所以对于社群成员的服务，社群运营者也要重视起来。一方面要注重提升解决问题的能力，这里包括如解决社群成员间矛盾、积极答疑社群成员提出的问题、解决产品矛盾等，另一方面要注重提升服务质量问题，不仅能解决已经出现的问题，更要积极地了解社群成员的需求，主动提供相关的服务，如某产品的小课堂、独家资源等。

（四）社群成员数据管理

在社群运营中，对社群成员的数据管理至关重要。有效的数据管理可以帮助社群更好地了解其成员，提供个性化的服务，提高互动性和参与度，以及保护成员的隐私和数据安全。主要对社群成员活跃度、转化率和留存率、成员意见反馈进行分析，最后使数据可视化，更好地为社群运营做好辅助工作。

社群成员活跃度分析主要是通过分析社群成员的活跃度，了解社群的整体活跃情况和社群成员参与度。

社群成员转化率和留存率分析是通过分析社群成员的转化路径，了解哪些运营策略是有效的，哪些是需要改进的。适时优化社群运营策略，提高社群成员的转化率和留存率。

社群成员反馈分析即社群运营者要及时收集社群成员的反馈和意见。如通过在线调查、私聊等方式向社群成员收集反馈，并对反馈进行分析和总结，及时调整和优化社群运营策略。

社群运营者要及时将社群成员数据和运营数据进行可视化处理，通过各种数据图表来展示数据，可以更直观地了解社群的运营情况和趋势，为未来更好地分析和决策做好准备。

任务实施

1. 尝试设计社群成员培训方案

任务步骤 ⊙

步骤 1：可观察同类型社群成员培训内容。

步骤 2：上网寻找相关案例，结合自身社群设计。

步骤 3：选择一个你感兴趣的方面，构建社群并尝试设计构建社群成员培训方案，填写在表 6-18 中。

表 6-18　社群成员培训方案

社群名称	社群规则	交流技巧	分享与传播内容

2. 社群成员维护

同学们可以根据前面所学习的社群成员维护的方法，选择一个你加入的社群，试想如果你是社群管理员，应如何对社群成员进行维护。

任务步骤 ⊙

步骤 1：认真理解社群成员维护的内容及方法。

步骤 2：对照所学内容，选择一个你所感兴趣的社群寻找相关案例。

步骤 3：根据前面所学社群成员管理的方法，设计从情感留存、内容留存、服务留存三个方面设计社群成员管理方案，并填写在表 6-19 中。

表 6-19 社群成员维护

社群名称	情感留存	内容留存	服务留存

 任务考核

同学们完成任务实训后，教师根据学生实训的情况为同学们打分并点评，相关内容填写在表 6-20 中。

表 6-20 任务考核表

序号	考核内容	分值	教师打分	教师点评
1	是否能正确对社群成员进行分类	20		
2	是否能简单设计社群成员培训的方案	30		
3	是否能简单设计社群成员维护的方案	40		
4	是否已经了解社群成员数据管理的内容	10		

任务 4 社群运营管理

 任务描述

随着社交媒体的普及和互联网技术的不断发展，社群运营已经成为企业和组织不可或缺的一部分。在这一节内容中，将深入探讨社群运营管理的各个方面，帮助企业合理地进行社群运营的管理。

本任务将从活跃社群、变现社群、升级社群这几方面进行讲解，帮助社群运营人员更好地了解社群运营管理。

知识准备

社群运营除了关注社群成员管理，社群运营者也要注意社群群本身的管理，才能有帮助社群健康稳定地发展，这里包括活跃社群、变现社群、升级社群。接下来将详细介绍社群运营管理的三方面内容。

（一）活跃社群

社群运营者需要将社群活跃起来，这样可以促进社群成员之间的交流和互动，帮助社群成员建立联系和扩大社交圈子，提高社群成员的黏性。比较常见的活跃社群的方法有以下几种。

1. 抽奖活动

社群运营者可以利用抽奖活动激发社群成员的活跃度，增加社群成员的参与度和互动性。可以通过以下方式设计一场抽奖活动。

1）选定奖品：选择吸引人的奖品，例如，优惠券、礼品卡、小礼品等，这样可以吸引更多的社群成员参与抽奖活动。

2）确定抽奖方式：可以选择不同的抽奖方式，例如，利用手机 **APP** 随机抽选、按照参与顺序抽奖、回答问题抽奖等。

3）发布活动：在社群内发布活动，让社群成员知道抽奖活动的规则、奖品和参与方式。还可以使用文字、图片、视频等多种形式来发布活动，吸引更多的社群成员关注和参与。

4）宣传造势：在抽奖活动前进行宣传造势，例如，提前预告、神秘感、悬念等，这样可以增加社群成员对活动的期待和好奇心，提高他们的参与度。

虽然抽奖活动可以增加社群成员的活跃度和参与度，但需要注意制定活动的规则、奖品和参与方式。根据社群的特点和社群成员的偏好，可以设置不同的抽奖方式和互动环节，让活动更加有趣。图 6-11 所示为某社群的抽奖活动。

图 6-11　某社群的抽奖活动

2. 社群答题

社群答题是一种有效的活跃社群氛围、提高社群成员参与度和知识分享的方法。下面介绍社群答题设计方法，帮助大家更好地开展社群答题活动。

1）题目内容：在设计社群答题时，题目的内容是关键。题目应该与社群主题相关，同时具有趣味性和挑战性。题目类型可以包括选择题、填空题、判断题和问答题等。比较常见的是选择题和填空题。

2）答案解析：提供详细的答案解析可以帮助社群成员更好地理解题目和相关知识。

3）题目难度：设计不同难度的题目可以让活动更具挑战性和趣味性。可以根据社群成员的知识水平和兴趣点设计相应难度的题目。

4）奖励机制：设置合理的奖励机制可以进一步提高社群成员的参与热情。可以根据社群成员的答题情况给予不同的奖励，如金币、优惠券、积分等。

精心策划一场活跃社群氛围的答题活动，有助于提高社群成员参与度、增强社群凝聚力，同时促进社群成员间的知识分享和互相学习。

3. 发红包

发红包是活跃社群的一种有效方法，可以激发社群成员的参与热情和互动兴趣。以下是一些发红包的策略和建议：

1）选择合适的时机：在社群内发红包需要注意时机，可以选择特殊的时间点或者日期，例如新年、社群成立纪念日、购物节等。

2）红包金额和数量：红包的金额和数量需要根据实际情况进行权衡。如果社群规模较小，可以设置较小的红包金额和较多的数量，以激发社群成员的参与热情。如果社群规模较大，可以设置较大的红包金额和较少的数量，以保持活动的高质量。

3）制造氛围：在发红包之前，可以先在社群内制造氛围，例如，宣布活动开始、提醒成员关注活动规则等。

适当合理地发红包可以有效地活跃社群，增加社群成员的参与度和互动兴趣，如图6-12所示。

（二）变现社群

变现社群是将社群成员的参与和互动转化为实际收入的过程。以下是一些社群变现的方法。

1. 会员制

设置会员制度，通过设立会员等级制度，根据会员参与度和贡献程度给予相应的等级，享受不同级别的特权和优惠。鼓励社群更多的人成为会员。

成为会员的人可以获取一些特权，比如优先参与活动，会员可优先参与社群内的各种活动，如线上讲座、线下聚会、产品试用等。有会员专属礼品或优惠券，增加会员归属感和忠诚度。提供给会员专属的产品或服务优惠，包括限时折扣、优先购买权等。这些都说明成为社群会员可以获得更多的优惠和服务，如图6-13所示。

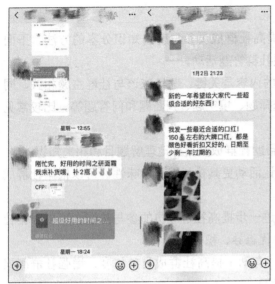

图 6-12 发红包活跃社群

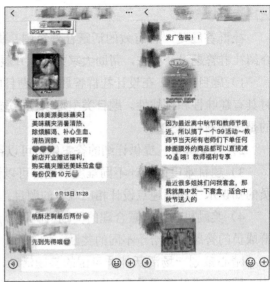

图 6-13 社群会员福利

2. 广告投入

广告投入是指社群平台在运营过程中，通过投放广告获取收益的一种方式。以下是广告投入的一些常见方式。

1）广告位合作：与广告商合作，在社群平台中提供广告位，向广告商收取一定的费用。这种方式需要与广告商建立良好的合作关系，确保广告的投放质量和效果。

2）广告植入：将广告植入到社群内容中，如文章、视频、图片等，通过广告的曝光和点击获取收益。需要注意广告的植入方式和时机，避免影响社群成员体验和社群形象。

3）广告推送：通过推送消息、邮件等方式向社群成员推荐广告，吸引社群成员点击和购买。需要掌握好推送的时间和频率，避免对社群成员造成骚扰，引起社群成员反感。

通过合理的社群变现广告投入，可以增加社群的收益和影响力，提高社群的运营质量和稳定性。

3. 付费问答

在社群中设立付费问答环节，可以安排专门的问题回答服务，针对社群成员提出的问题进行解答，同时设置合理的付费问答环节的价格。为了吸引社群成员愿意支付费用，需要提供有价值的回答。或者邀请专业人士进行分享和回答问题。

在支付方式方面，可以使用第三方支付平台，例如，微信支付、支付宝等，为社群成员提供便捷的支付方式。通过较有保障的第三方支付平台也可以增加社群成员的信任度。

要选择合适的时机激励社群成员参与付费问答，可以设置一些奖励机制，例如，付费回答可以获得积分，积分可以兑换奖品等方式。

（三）升级社群

1. 服务升级

社群的服务升级是指对社群的服务进行升级，以提供更好的服务和体验，吸引更多的用户加入并参与社群，促进社群的持续发展。以下是一些服务升级的建议。

1）提供更加个性化的服务：社群运营者可以多观察社群成员的需求和反馈，根据社群成员的需求和反馈，提高服务质量，提供更加个性化的服务，让社群成员感受到社群对他们的关注和重视。

2）加强互动和交流：加强社群成员之间的联系和互动，提高社群的凝聚力和影响力。可以通过组织线上或线下的活动、举办社群聚会等方式来实现。

3）加强社群管理：加强对社群的管理，保证社群的质量和价值。对违反规则的行为进行惩罚，维护社群的秩序和形象。

2. 产品升级

社群的产品升级是指对社群的产品进行升级，以满足社群成员的需求和期望，吸引更多的社群成员加入并参与社群活动。以下是一些社群产品升级的建议：

1）优化功能提高体验：对产品的功能和用户体验进行优化，以满足社群成员的需求和期望。可以增加新的功能或改进现有功能。

2）加强产品宣传：社群运营者要通过各种渠道方式加强对产品的宣传和推广，让更多的社群成员了解和认识产品的价值和优势，增加产品的知名度和影响力，也有利于增强社群成员对产品或服务的信任。

3）建立社群成员反馈机制：建立社群成员反馈机制，收集社群成员的反馈和建议，了解社群成员对产品的需求和期望，并及时对产品进行改进和升级。

4）加强创新：根据社群成员反馈，继续加强创新，推出更加符合社群成员需求和期望的新产品和服务，以保持社群在市场上的竞争优势。

 任务实施

1. 寻找身边社群活跃的方式

任务步骤 ⊙

观察身边的社群，他们是如何活跃社群的，除了前面所提到的活跃社群的方法，还有什么方法可以活跃社群，填写在表 6-21 中。

表 6-21　活跃社群的方式

社群名称	活跃方式	频率

2. 了解社群变现方式

任务步骤 ⊙

观察身边的社群，他们是如何实现社群变现的，填写在表 6-22 中。

表 6-22　社群变现方式

社群名称	变现方式

 任务考核

同学们完成任务实训后，教师根据学生实训的情况为同学们打分并点评，相关内容填写在表 6-23 中。

表 6-23　任务考核表

序号	考核内容	分值	教师打分	教师点评
1	是否学会设计活跃社群的方法	30		
2	是否理解社群变现的方法	40		
3	是否了解升级社群的内容	30		

项目 7

新媒体运营数据分析

学习目标

知识目标

- ➲ 了解新媒体数据的基本概念、特点、类型；
- ➲ 了解新媒体数据分析的概念，理解其对新媒体运营的重要意义与作用；
- ➲ 了解新媒体数据分析的一般流程。

能力目标

- ➲ 掌握获取新媒体数据的方式；
- ➲ 掌握并能熟练运用新媒体数据分析工具；
- ➲ 通过新媒体运营成功案例，结合新媒体平台相关内容，了解企业运用数据分析在新媒体平台的成功之道。

素质目标

- ➲ 掌握新媒体数据分析岗位应该具备的技能；
- ➲ 培养新媒体运营数据分析从业人员规范化、专业化、技能化的职业素质。

知识结构图

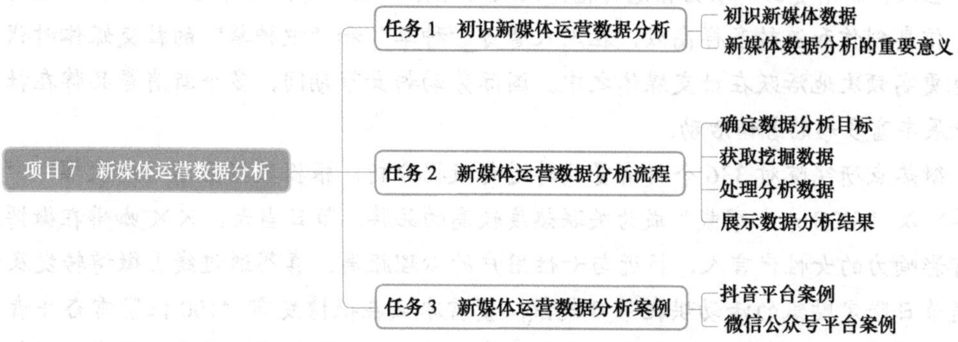

项目 7 新媒体运营数据分析

- 任务 1 初识新媒体运营数据分析
  - 初识新媒体数据
  - 新媒体数据分析的重要意义
- 任务 2 新媒体运营数据分析流程
  - 确定数据分析目标
  - 获取挖掘数据
  - 处理分析数据
  - 展示数据分析结果
- 任务 3 新媒体运营数据分析案例
  - 抖音平台案例
  - 微信公众号平台案例

图 7-1 知识结构图

国际劳动妇女节期间，企业运营通过新媒体平台引发的热议

2023年3月8日是第113个国际劳动妇女节，全国各地的女性在这一天收到各式各样的祝福与赞美，品牌与商家也在这一天推出各种营销活动。微热点研究院以3月8日当天为统计时段，从节日话题、品牌营销、热点事件等角度，洞察国际劳动妇女节网络信息的传播特征与公众关注点。

微热点研究院数据显示，3月8日当天，全网共计传播123.97万条与"国际劳动妇女节"相关的信息。凌晨4时起，"国际劳动妇女节"相关话题的关注度开始提升，并于当日11时达到10.67万的信息传播峰值。因"三八妇女节就是妇女节，不是女生节不是女神节""妇女能顶半边天"等话题，"国际劳动妇女节"于当日17时达到9.13万的关注高峰，如图7-2所示，图中横轴代表当日时间，纵轴代表关注人数。

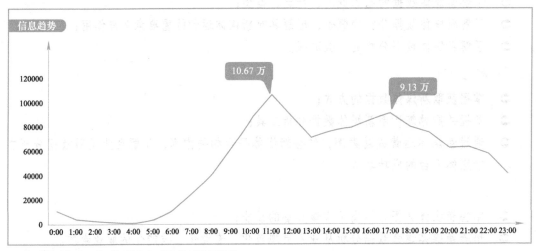

注：统计时段：2023年3月8日00:00—2023年3月8日23:59
　　数据来源：微热点研究院

图7-2 "国际劳动妇女节"关注数值图

当天，新消费品牌助力信息传播。网友与媒体关注节日，品牌更不例外。新消费浪潮下，信息创作和流转多样高效，在人人皆可"种草"和"被种草"的社交媒体时代，品牌也更高频次地活跃在社交媒体之中。国际劳动妇女节期间，多个新消费品牌在社交媒体开展丰富多彩的营销活动。

微热点研究院对336个新消费品牌进行数据分析，根据数据显示"好欢螺""××咖啡"及"SKG未来穿戴"成为关联热度较高的品牌。节日当天，××咖啡在微博展示具有影响力的女性代言人，拉近与女性用户的心理距离；喜茶通过线上微博转发及线下赠送节日限定贴纸的活动烘托节日气氛；蜜雪冰城在微博发布"100位蜜雪奋斗青年系列"宣传片，致敬青年女性力量；奈雪的茶发起上海、深圳城市限定主题店的"打卡活动"，利用"粉色樱花"的产品元素突出女性节日的温馨与浪漫。微热点研究院数据显示，3月8日当天，各品牌与"国际劳动妇女节"关联度数值如图 7-3 所示。

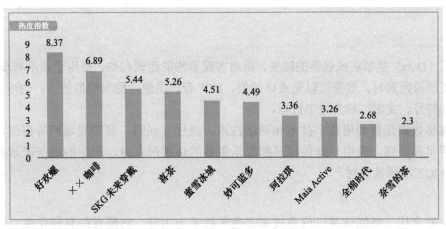

注：统计时段：统计时段 2023 年 3 月 8 日 00:00 —— 2023 年 3 月 8 日 23:59
　　数据来源：微热点研究院

图 7-3　品牌与"国际劳动妇女节"关联度数值图

案例思考

新媒体营销环境下，社会现象与企业运营情况是否可以用数据来表达？

案例启示

人们生活中已经逐渐离不开新媒体平台，在国际劳动妇女节这样一个特殊节日中，人们参与了新媒体平台的话题讨论、热点事件评议等活动。新媒体正作为人们获取信息、了解社会、沟通交流的工具，是网络信息的传播者与公众事件的关注者。从图 7-3 中可以发现新媒体数据能够客观反映社会现象，同时又能发现新消费品牌在社交媒体平台的营销较为活跃，且营销打法各不相同，并且能通过营销活动取得优秀的成绩。当然，利用新媒体平台并不总是正向效用，有时一些失误如对营销内容的不严谨也会导致不好的结果。

任务1　初识新媒体运营数据分析

 **任务描述**

伴随着互联网技术的日新月异，人们对互联网的需求也在发生改变，新媒体的发展从图文形式到视频形式的变化，从报纸、电视机到计算机、手机等介质的变化，新媒体对社会及企业和个人都能产生一定影响，导致新媒体产生的数据类型也发生着改变。新媒体发展下，各企业及个人通过分析运营数据，可以选择更合理的营销活动，进行更有效的营销宣传，获得更多产品利润，创造更大的品牌价值。

💡 知识准备

（一）初识新媒体数据

1. 新媒体数据的概念

数据（Data）是事实或观察的结果，是对客观事物的逻辑归纳，是用于表示客观事物的、未经加工的原始素材。数据可以是连续的值，如声音、图像，称为模拟数据；也可以是离散的值，如符号、文字，称为数字数据。

新媒体数据是指利用数字技术和网络技术，通过互联网、宽带局域网等渠道，以及计算机、手机等终端，向用户提供信息和娱乐服务的传播形态时，产生的用于表示客观事物的、未经加工的原始素材。

2. 新媒体数据的特点

（1）**数字化** 新媒体是以信息技术和数字技术为主导，将所有信息转化成二进制元编码数据，利用数据进行信息的采集、存取、加工、管理、传播和储存等。新媒体数据是新媒体运营过程中产生的原始素材，其表现形式是数字化数据。

（2）**数量大** 新媒体因其不受时间空间限制，与传统媒体相比，受众群体更为广泛，辐射范围也更广。我国新媒体平台数量逐年增加，各新媒体平台的用户人数也在不断增加。但因为新媒体平台所披露的数据是有限的，新媒体用户接触到的数据信息并不多，对数据数量的大小也无法感知。事实上，新媒体数据数量正以滚雪球的方式急速增长。

（3）**碎片化** 新媒体数据包含每位用户的性别、年龄、关注话题、兴趣爱好、购买需求、购物行为等。因新媒体用户和用户行为均有个性化特点，所以大部分原始数据处于零散碎片的状态，繁多而无序。

（4）**数据是客观事实的反映** 新媒体运营过程中所产生的所有数据均是已经发生的客观事实的反映，不是虚拟的，不是模拟的。但不排除数据有时会被错读，当数据被错误解读时，需要找寻正确的解读方法，而不是质疑数据的真实性。

3. 新媒体数据的分类

为了更好地认识新媒体数据，这里从获取来源和呈现形式两种方式来分类。

1）根据获取来源分类可分为新媒体平台提供的数据、企业收集加工的数据、从第三方机构获取的数据。

①新媒体平台提供的数据指由企业在日常运营中，通过新媒体平台作为载体进行运营活动，在平台上可以直接获取的数据。常见的有关注者数据、粉丝名单（见图7-4）、点赞人数等。

②企业收集加工的数据是指企业安排本企业人员

图7-4 粉丝名单

收集、加工、处理的数据，是企业的一手数据信息，有利于企业重要信息不外泄，增强企业核心竞争力。常见的有购买者名单、复购商品清单等。

③从第三方机构获取的数据是指企业从第三方平台或机构得到的数据。为企业提供营销数据的平台如新榜有数、清博智能、一点资讯。

2）根据呈现形式，新媒体数据可分为数值型数据和图文型数据。

①数值型数据主要由数字组成。企业凭借此类数据，直观了解企业运营状况，也可以在此基础上对数据进行统计与分析。常见的数值型数据包括粉丝数据、销售数据、浏览数据、商品成交数据、作品数据等，图 7-5 所示为快手平台上某达人的主页数据。

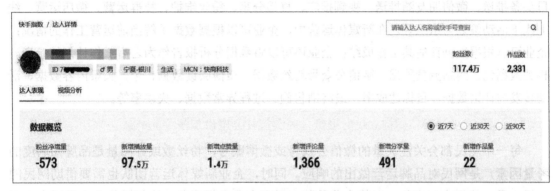

图 7-5　快手平台某达人主页数据

②图文型数据主要是由文字或图片等形式构成。常见的图文型数据包括网站栏目分类、账号粉丝分类、自定义菜单归类、消费者反馈、多平台矩阵分布等。

✍ 知识小测试

1.（单选题）下列不属于新媒体数据特点的是（　　　　）。
　　A. 数字化　　　　　B. 数量大　　　　　C. 文字多　　　　　D. 真实性
2.（多选题）在以下数据中，（　　　　）属于数值型数据，（　　　　）属于图文型数据。
　　A. 大众点评网站好评类别　　　　　　B. 网站浏览量
　　C. 京东店铺月度销售额　　　　　　　D. 百度知道差评分类
　　E. 某条微博转发量及点赞量　　　　　F. 某微信公众号选题分类

课堂讨论

思考并讨论新媒体数据和新媒体数据分析的不同之处。

（二）新媒体数据分析的重要意义

数据分析是指用适当的统计分析方法对收集来的大量数据进行分析，将它们筛选、分类、汇总、解读、消化，以求最大化地开发数据的功能，发挥数据的作用。数据分析是为了提取有用信息和形成结论而对数据加以详细研究和概括总结的过程。

新媒体运营数据
名词解释

现在正处数据时代，企业的经营和管理与数据密不可分，每天都在产生数据，数据的变化对企业而言有着重要作用，决定着企业的现在与未来，贯穿了企业的整个生命周期。对企业而言，新媒体数据分析主要的意义与作用有：帮助企业了解运营情况，开展运营工作；帮助企业树立企业形象、参与社会建设；帮助企业控制成本、增加收益；帮助企业反思发展进程、确定未来方向。

1. 帮助企业了解运营情况，开展运营工作

新媒体运营的日常工作包括网站内容更新、微信公众号推广、微博营销文案发布、今日头条推送、微信朋友圈推送、视频推广、直播分享、粉丝维护、社群运营、微店运营、线上线下活动策划与组织等。在新媒体运营中，企业可以根据数据了解当前运营工作的情况；企业可以根据数据评估其工作成绩；企业还可以将数据分析报告作为之后工作计划的参考。相关数据包含网站流量数据、微信公众号粉丝数据、微博阅读数据、今日头条内容数据、活动转发与评论数据、目标达成率、最终销售额、过程异常数据、失误率等。

2. 帮助企业赢得口碑树立良好形象，肩负起社会建设责任

每一个网民都会关注大量的微信公众号或微博账号，粉丝数或订阅量是品牌知名度的考量因素，是网民对品牌运营做出的响应。同时，企业新媒体运营团队也需要借助网民的传播力量，传播企业文化、宣传企业品牌、树立企业良好形象。比如微信公众号用户来源这项数据，是指用户发现并开始关注微信公众号的方式，数据分析在这个环节可以帮助企业评估每一个投放渠道获取用户数量、质量、成本，比如从广告触达到下载环节的转化率。通过分析转化率等数据，可以观察用户对企业的认可程度。

3. 帮助企业合理控制运营成本，多方向创造利润

在企业新媒体运营中，一项大额支出为广告费，如果企业的新媒体广告投放没有精准的方向，广告费极有可能石沉大海。要获得良好的营销效果，提高企业产品的销售额，提升品牌口碑，特别是在如今新媒体环境严峻、竞争激烈的情况下，通过分析数据，企业能更加精准地定位目标消费人群，把握用户需求，精准地投放广告，减少不必要的成本开销，进而达到控制运营成本的目的。例如，需要分析用户的分布城市、购买或阅读时间、常用的APP、习惯用的移动终端型号等数据，每次广告投放前可以综合近期的投放情况进行调整与优化，以控制成本。

4. 帮助企业反思发展进程，确定未来方向

新媒体数据分析包含分析网民大数据，有助于判断新媒体内容、活动、推广是否要和企业战略目标结合。指引企业发展方向。如在 2021 年，微信 APP 表情包项目，通过数据分析，确定将表情包从静态表情改为动态表情。通过对网民的各种数据进行分析与研究，可以帮助新媒体营销与运营获得更加准确的用户需求信息，有助于运营者预测经济方向。现阶段，一些大型互联网公司已经将大量数据开放，网民可以直接登录相关网站查看大数据。常见的行业相关大数据包括百度指数（见图 7-6）、新浪微博指数、微信指数、头条指数等。

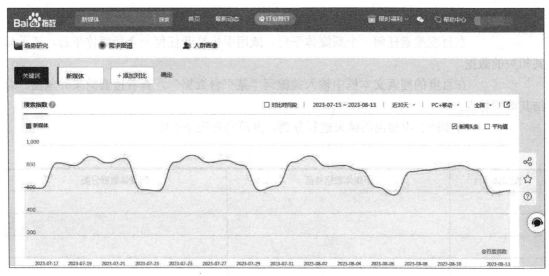

图7-6　百度指数

课堂讨论

　　某创业公司对现有优质客户进行浏览习惯调研，希望根据调研结果决定下一步的广告投放平台。经过问卷网站调研，优质客户在各新媒体平台的使用次数占比数据，如图7-7所示。尝试分析下一阶段在哪几个平台进行广告投放，效果会比较好。

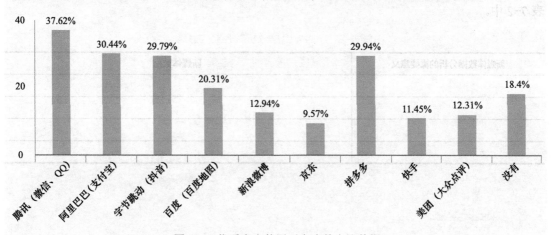

图7-7　优质客户使用平台次数占比数据

任务实施

1. 搜索新媒体数据

选取图文类、视频类、直播类、社群类新媒体平台各一家，摘抄平台部分数据。
在搜索引擎中搜索与新媒体数据相关的内容，了解新媒体数据的概念、特征、分类。

任务步骤 ⊙

步骤 1：在百度搜索任何一个新媒体平台，或用手机打开任何一个新媒体平台，查看与其相关的数据。

步骤 2：在百度的搜索文本框中输入关键词"某平台数据"，查看搜索结果并截图，总结其数据特点。

步骤 3：将步骤 2 中得出的结果进行分类，并填写在表 7-1 中。

表 7-1　探索新媒体数据

新媒体平台	新媒体数据特征	新媒体数据分类

2. 了解新媒体数据分析的重要意义

根据新媒体数据分析的四个重要意义，搜索新媒体相关数据。

任务步骤 ⊙

步骤 1：在百度及各新媒体平台搜索"新媒体数据分析的重要意义"。

步骤 2：围绕"新媒体数据对企业的影响"展开搜索，搜集相关新媒体数据，填入下表 7-2 中。

表 7-2　新媒体数据分析对企业的影响

新媒体数据分析的重要意义	新媒体数据

 任务考核

同学们完成任务实训后，教师根据表 7-1 和表 7-2 填写的情况打分并点评，相关内容填写在表 7-3 中。

表 7-3　任务考核表

序号	考核内容	分值	教师打分	教师点评
1	新媒体数据概念及特征	25		
2	新媒体数据分类	25		
3	新媒体数据分析重要意义	50		

任务 2　新媒体运营数据分析流程

任务描述

新媒体与传统媒体截然不同，数据呈现形式尤其不同。要想掌握新媒体数据分析的本领，不能完全按照传统媒体数据分析流程推进。这就需要根据数据特点观察数据内容，将新媒体数据分析流程规律化、高效化、专业化，并考虑到公司日常运营管理中的普遍问题，思考出一套新媒体运营数据分析流程。

知识准备

互联网时代，企业都会主动或被动地参与到新媒体运营中，企业在运营过程中，数据分析流程可总结为以下几个步骤。

1）确定数据分析目标；2）获取挖掘数据；3）处理分析数据；4）展示数据分析结果。

新媒体运营数据分析流程如图 7-8 所示。

图 7-8　新媒体运营数据分析流程

（一）确定数据分析目标

做事需要有目标，它是成功的关键，数据分析也是如此。每一次数据分析前，先明确这次分析的目的是什么，有利于指导分析工作的方向，有利于评价分析工作的效果。企业新媒体销售通常来自于不同的销售平台，如淘宝、天猫、京东、微店、独立网站等。数据分析人员需要在数据分析需求中提炼出需要解决的具体问题，然后找到问题关键点，再提炼出分析目的。

面对"分析为什么网站商品看的人多买的人少"这一问题，需要提炼出待解决的问题是"网站只有流量没有销量"，然后找到问题的关键点"网页转化率太低"，接下来将"挖掘网站转化率"设定为数据分析的目的。

常见的数据分析目标包括以下三种类型。

1. 数据变动型

数据变动型主要是针对某个数据发生上升或下降所做的分析，比如日活量降低、直播在线人数减少、电商平台的订单数量减少、销售额降低。分析的主要目的是挖掘数据变化的原因，及时发现业务的问题。有时会有多个数据发生变化，还需要分析各数据之间的关系及影响因素的比例。

2. 专题研究型

专题研究型主要是针对运营工作中一些专题项目进行分析，比如企业口碑的专题分析，为了利用数据分析企业美誉度的提升效果，需要围绕企业口碑展开，分析的数据可以来自百度口碑、大众点评星级、网店评价等。

3. 评估决策型

评估决策型主要是针对某个产品上线、某个宣传活动举办的效果进行评估，以及对下一步工作进行指导。数据分析围绕产品销售过程、宣传活动进程，对用户购买或消费行为进行逐层分析，需要分析的数据包括页面浏览量、用户访问时长、用户浏览页面数、转化率等。

不同的营销目标对应不同的数据组合，因此在进行数据挖掘或分析前，必须明确营销目标并设计出数据组合，以免南辕北辙，导致最终的数据无法对营销目标产生指导意义。

（二）获取挖掘数据

在做数据分析前应先获取有价值的数据信息，企业围绕第一步中设计出的目标，有针对性地挖掘数据。不同的目标所需要的数据必不相同。因此在数据挖掘过程中，需要将目标对应的影响因子都进行分解，并对相关数据进行挖掘。

如某个电商 APP 的销售额明显下降，可以先拆分销售额。销售额由客户数和商品单价组成，再分析商品下单流程，如果转化率也有降低，则可以重点从用户浏览的商品中寻找原因，再继续分析。可能是用户不喜欢推荐的商品，或者用户搜索不到他想要的商品。通过步步分解，寻找相关数据。

这些数据从何而来，联系上一节的内容，可以直接在后台找到相应数据，可以由企业人员进行统计，可以通过第三方平台数据分析工具寻找数据。数据分析的结论必须保证是从数据分析的过程中得到的，不能加入个人经验的判断，所以所有数据必须真实有效。

课堂讨论

新媒体数据分析工作人员日常工作中需要掌握哪些技术？

（三）处理分析数据

挖掘数据环节得到的数据通常属于原始数据，这样的数据无法直接使用。因此，需要对原始数据进行处理，得到需要的数据。此时，需要借助一些工具或通过一些方法对数据进行处理。

1. 新媒体数据分析工具

数据分析工具可分为四类，包括常用办公软件、新媒体平台自有分析工具、网站运营分析工具、第三方数据分析平台。

（1）常用办公软件　在企业日常工作中常用的办公软件有 Word、Excel、PowerPoint 等，新媒体运营数据分析工作中，较常见的软件有 Excel、Python（见图 7-9）。运用 Excel 可以对原始数据

图 7-9　Excel、Python 软件的图标

进行更加精细的分类和运算，如对比分析、趋势分析等。在一些新媒体数据分析工作中，还需建立模型，会使用一些编程软件，如 Python、SQL、R 语言、Hadoop、SPSS 等。

（2）新媒体平台自有分析工具　微信、微博、抖音等各类新媒体平台，都具有完整的统计功能。新媒体运营者无须掌握统计代码或分析函数，可运用新媒体平台后台自带的自媒体分析工具，查询到如用户增长数、用户地区分布等数据。

（3）网站运营分析工具　网站分析工具是指由各大网站基于网站大数据，收集被观察群体的相关数据。如网站访客人数、年龄、地理位置、使用设备，访客进入网站时做了什么，何时离开网站，关键词研究，竞争对手分析等。包括百度统计、CNZZ 统计、Google Analytics、站长工具、爱站网等，这些网站主要为网站运营者提供数据支持。

（4）第三方数据分析平台　第三方数据分析平台是指由新媒体平台授权，为新媒体运营者提供运营所需数据的平台。第三方平台分析工具与新媒体平台自有分析工具的主要区别在于前期的注册与授权，一般需要付费，一旦授权完毕，后续操作与新媒体自有分析工具类似，直接通过网站即可查看。

虽然微信、微博、抖音等新媒体平台已经具有统计功能，但是不能满足企业运营的需求，对于精细化数据，如单条微信公众号文章转发效果、微博粉丝管理、抖音直播现场交易动态等，仍需通过第三方平台获得。常见的第三方平台有新榜数据（见图 7-10）、西瓜助手、考拉新媒体助手等。

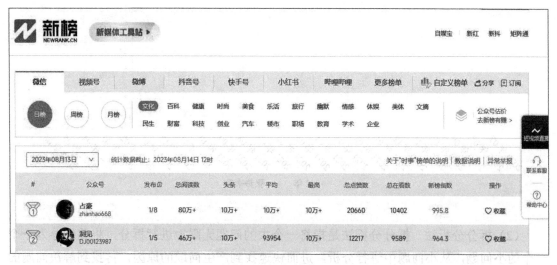

图 7-10　新榜数据

2. 新媒体数据分析方法

新媒体数据在经过加工处理后，采用这些方法进行数据分析，以获得更加符合实际需要的分析结果，进行分析并掌握数据背后的运营情况。

新媒体数据分析方法众多，简单方法有直接评判法、对比分析法、拆分分析法、结构分析法、平均分析法、矩阵分析法等。数据深度处理分析方法有 5W2H 分析法、漏斗分析法、相关性分析法、对比细分分析法、麦肯锡逻辑树分析法、用户画像分析法、Aha 时刻分析法、RFM 用户分群等。以下介绍常用的三种分析方法。

（1）对比分析法　企业运营情况是由众多数据组成，越精准的数据越能反映当前业务发展的情况。收集数据之后，新媒体运营者可以将某段时间内不同时期的数据进行横向和纵向对比，分析变化趋势，筛选该变化的影响因素等。例如，平台的新用户数量在某个时期持续性地增加，那么可能是平台在这个时期发布了活动，从而导致用户量持续性增加，当然也有可能是其他原因。新媒体运营者需要通过这些数据，找出深层原因。这就是对比分析法。

某企业 2020 年 7 月—2022 年 6 月的产品销售数据对比情况如图 7-11 所示，从图中可以看出 2022 年 2 月的销售额最高。对销售额增加的原因进行分析，是否因"双 11"活动的原因导致销售额激增，或因市场行情、广告引流、竞争对手导致销售额增加，分析出原因后再有针对性地找到企业发展方向。

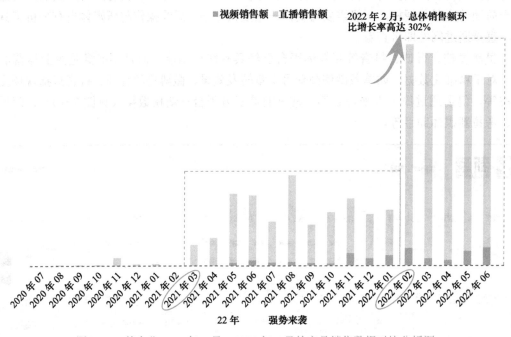

图 7-11　某企业 2020 年 7 月—2022 年 6 月的产品销售数据对比分析图

（2）拆分分析法　拆分分析法是指将一个大的问题无限地进行拆分，将其细分为一个一个的小问题，从小问题中进行分析，进而快速找到产生问题的原因，再找到解决问题的方法。例如，某网店的销售额出现降低时，销售额是由流量、转化率和客单价决定，所以可以将销售额分为流量、转化率和客单价这三个小问题。流量又分为自然增长、平台引流、广告推广等小问题，再分别对每一个小问题进行细分。

（3）漏斗分析法　漏斗分析法是数据领域最常见的一种"程式化"数据分析方法，从字面上理解就是用类似漏斗的框架对事物进行分析的一种方法，这种方法能对研究对象在"穿越漏斗"时的状态特征进行时序类、流程式的刻画与分析。

图 7-12 所示为某品牌网站注册数据分析图，图中显示总转化率 12.2%，需要通过分析发现原因。分析如下，通过漏斗分析对下单的环节进行拆解、量化，分析下单的转化率是

在哪一个环节中降低比较多。

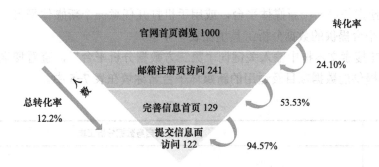

图 7-12 某品牌网站注册环节漏斗分析

它能够科学地评估一种业务过程，从起点到终点，各个阶段的转化情况。通过可以量化的数据分析，帮助新媒体运营者找到有问题的业务环节，并进行针对性的优化。适用于对网店的转化率数据、营销推广各个环节的转化（从展现、点击、访问、咨询、订单生成的角度进行分析）和用户各阶段的转化比较等进行的数据分析。

（四）展示数据分析结果

数据分析报告

新媒体平台状况、企业新媒体运营状况，竞争对手新媒体运营状况、行业新媒体运营趋势等数据，对新媒体团队甚至企业整体营销都具有指导意义。因此，在数据分析完成后，需要将数据进行提炼，对数据进行总结，分析结果及规律，将数据分析结果可视化，用图文形式出具相应数据分析报告，便于决策者使用。

📖 知识小测试

1.（多选题）下列属于新媒体数据分析流程的是（ ）。
  A. 确定分析目标   B. 获取挖掘数据
  C. 处理分析数据   D. 展示分析结果
2.（单选题）下列不属于新媒体数据分析方法的是（ ）。
  A. 对比分析法   B. 结构分析法
  C. 第三方分析法   D. 漏斗分析法

 任务实施

1. 搜索各大新媒体平台数据工具

选取图文类、视频类、直播类、社群类新媒体平台各一家，了解平台提供的数据分析工具。

选取一家第三方数据分析平台，了解其能提供哪些平台的数据及其数据项目。

任务步骤 ⊙

步骤1：搜索任意一个新媒体平台，或用手机打开任意一个新媒体平台，查看其数据分析工具，将其平台提供的数据分析工具填在表7-4中。

步骤2：在搜索文本框中输入关键词"第三方数据分析平台"，查看搜索结果，选取一家网站，将其提供的数据项目及适用的新媒体平台名称填在表7-5中。

表7-4　搜索新媒体数据分析工具

新媒体平台	新媒体平台自身数据分析工具

表7-5　搜索第三方数据分析平台

第三方平台	适用的新媒体平台名称	数据项目

2. 了解新媒体数据分析方法

通过搜索引擎了解新媒体数据分析最新技术，思考未来技术发展方向。

任务步骤 ⊙

步骤1：搜索"新媒体数据分析工具"，查看并了解相关信息。

步骤2：搜索"新媒体数据分析方法""新媒体数据分析模型"，查看并了解相关信息。

步骤3：围绕"新媒体数据分析工具""新媒体数据分析方法""新媒体数据分析模型"开展搜索，将书中未提及的技术方法填写在表7-6中，并思考工具和方法发展方向。

表7-6　新媒体运营数据分析

项目	具体内容
新媒体数据分析工具	
新媒体数据分析方法	
新媒体数据分析模型	

任务考核

同学们完成任务实训后，教师根据表7-4～表7-6填写的情况打分并点评，相关内容填写在表7-7中。

表 7-7 　任务考核表

序号	考核内容	分值	教师打分	教师点评
1	新媒体平台自身分析工具	30		
2	第三方网站数据分析工具	30		
3	新媒体数据分析工具	20		
4	新媒体数据分析方法	20		

任务 3 　新媒体运营数据分析案例

 任务描述

　　企业进入互联网后，随着加入新媒体运营项目的不断增加，新媒体运营团队每天都会获得大量数据。如果将所有数据都进行统计与分析，会极大地影响新媒体运营效率，同时大量无意义的数据处理也无形之中造成了资源的浪费。因此，提升新媒体平台运营效果的最好方法就是做好数据分析。可见，如何做好数据分析成为新的问题。本任务借两家企业运用数据分析成功发展新媒体业务的案例，从企业经营和平台提供数据两个角度，讲解如何做好数据分析工作。

 案例分析

（一）抖音平台案例

1. "Full of Hope 希望树"抖音平台运营案例

　　"Full of Hope 希望树"（以下简称"希望树"）是成立于 2019 年的专业除醛品牌。"希望树"于 2021 年年末开始转向品牌曝光的合作阶段，树立除醛行业专家的形象。在抖音平台广告投放之后，品牌热度指数持续稳居日化行业榜首，获评 2021 年"十大最具投资潜力的新品牌"。

　　在目标人群圈选方面，因为"除甲醛"的需求人群比较窄，希望树基于自身品牌定位及目标人群定位，借助抖音巨量工具进行更精准的目标人群圈选。希望树首先根据人群的年龄、人生阶段，将目标客户分为宝妈人群、新婚夫妇等，将消费者以 A1—A5 细化切分。"希望树"在品牌的建设过程中，看到了抖音平台强大的用户基础和算法分发精准锁定客群的优势，锚定抖音平台为自己的主战场，并利用巨量云图、巨量星图、巨量千川等抖音平台数据分析营销工具，结合既定目标销量，确定营销活动预算及分配方式，深入触达 5A 人群，实现目标人群的闭环营销，迅速成为抖音平台除醛知名品牌。

　　通过抖音平台提供的数据分析发现，除醛在精致妈妈、新锐白领、资深中产这三种人群中的渗透率最高。基于此分析，"希望树"将品牌用户画像圈定在一二线城市 30—35 岁的"高

知型宝妈"群体，用以期待后续更精准的广告投放、品牌渗透与产品细化。面对老客户，"希望树"采取了客户关系管理及抖音平台推广的形式，引导复购；面对新客户，借助 O-5A 模型思维及巨量云图工具，如图 7-13 所示，定制相应营销方案。借助这个策略，"希望树"在抖音电商 2022 年"3.8 女王节"大促活动中，总计曝光 30 亿，商品销售总量近千万。

时期	品牌	A1	A2	A3	A4	A5
活动期间 (2.20-3.14)	希望树	2299.4 万人 (60.76%)	1304.5 万人 (34.47%)	143.6 万人 (3.79%)	19.1 万人 (0.51%)	65.8 万人 (1.74%)
	行业 Top5 品牌均值	4066.7 万人 (57.78%)	2848.6 万人 (38.51%)	663.1 万人 (8.71%)	67.3 万人 (2.46%)	161.8 万人 (4.38%)
活动前 (1.28-2.19)	希望树	2902.1 万人 (61.03%)	1579.7 万人 (33.22%)	243.0 万人 (5.11%)	16.5 万人 (0.35%)	56.4 万人 (1.19%)
	行业 Top5 品牌均值	477.6 万人 (57.46%)	3281.1 万人 (36.27%)	697.1 万人 (8.83%)	63.1 万人 (1.06%)	159.8 万人 (4.06%)

图 7-13 "3.8 女王节"节日前后巨量云图数据表

"希望树"通过 24 小时不间断播放的直播间（如图 7-14 所示），通过巨量星图筛选了合适的达人及明星，投放品牌 IP，将更多优质内容以热推、"DOU+"等形式进行投放，对大规模触达的新客户进行了大量品牌知识的教育与科普。"品牌＋明星＋达人"的组合搭配，最终取得了流量价值、留存价值、互动效果和涨粉效果的质的飞越。

图 7-14 直播间截图

营销学大师菲利普·科特勒在《营销革命 4.0》中提出的 5A 理论定义了用户与品牌间的关系，即 Aware（了解）、Appeal（吸引）、Ask（问询）、Act（行动）、Advocate（拥护）。抖音平台以 5A 理论为基础，补充 O（Opportunity）作为潜在群体，推出了 O-5A 模型（见

图 7-15）。其中，O（又称"A0"）为尚未接触过品牌信息的机会人群，A1 为被品牌触达一次的被动人群，A2 为被品牌触达多次的浅度认知人群，A3 为对品牌有主动行为的深度认知人群，A4 为实施了购买行为的人群，A5 为与品牌形成了长期互动的私域人群。

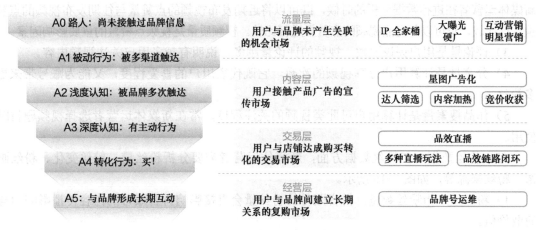

图 7-15　抖音平台 O-5A 模型

　　"希望树"运用 O-5A 模型，根据用户人群所处层级，有针对性地开展了从用户认知到兴趣再到购买的决策全链条的营销策略。在投放策略上，"希望树"按照老客户、新客户进行了人群拆分，对客户进行精细化运营的第一步在于构建客户画像，然后对不同需求的客户匹配不同的营销内容，满足其个性化的需求。

　　"希望树"通过借助抖音等互联网平台实现了数据驱动爆款打造，针对单品进行分析、数据追踪；针对用户的精细化运营、会员运营、活动效果、新老客户数据分析；线上线下的数据助力，实现商品销量的高效、稳定的增长；全渠道数据整合并追踪数据，更加了解对手和市场现状。

2. 抖音平台数据内容

　　由案例可见，企业可以依托新媒体抖音平台强大的营销资源和数据能力，应用数字化工具，为自己提供涵盖生意诊断、定向优化、品效爆发的全链路扶持，实现声量和销量的长线增长。以下简单介绍抖音平台的自带数据内容。

　　从抖音 APP 首页进入"我"，选择"查看更多"，再进入"抖音创作者中心"的"账号数据"版块。新媒体运营者进入该版块后，可看到"总览""作品分析""粉丝分析""收入分析"四大部分。"总览"中包含账号诊断、经营数据、粉丝、收入、推广数据等内容；"作品分析"中是每个视频的播放数据；"粉丝分析"包含粉丝变化、来源等；"收入分析"是收入总览。下面介绍有关作品、粉丝、直播的一些常用数据。

　　（1）作品数据　在作品数据方面，新媒体运营者需要重点分析播放量、点赞量、评论量、分享量、作品搜索量、完播率、人均播放时长、点赞率、评论率、分享率、2s 跳出率、平均浏览数、手动滑图占比等。前 5 个数据为抖音平台默认设置，其他数据可选择，相关数据进行综合评估，能够帮助新媒体运营者了解抖音的流量分配与推送机制。

　　1）播放量是指视频的播放次数。因为抖音平台有流量推荐算法，视频播放量会受算法影响。新媒体运营者应重视视频的播放量，如果发现近期视频的播放量低于平均水平或往期数据，需要寻找原因。

2）点赞量是衡量视频热度的重要指标，它直接反映出用户对视频的喜爱程度，同时点赞量高的视频在抖音平台可以获得更多的曝光量。在一般情况下，点赞量会高于评论数和收藏量。新媒体运营者在进行数据分析的时候，既可以将近期发布视频的点赞量与往期发布视频的点赞量进行比较，也可以与竞品视频的点赞量进行比较。视频质量是视频点赞量的重要影响因素。

3）评论量是用户评论次数。视频的评论量越多，说明有越多用户关注视频内容。

4）分享量是计算用户分享视频的次数。它既代表用户的喜爱程度，又能为账号带来更多粉丝。

5）作品搜索量是计算用户对此类视频的关注程度，常在新媒体运营者选择视频题材时使用。

（2）粉丝数据　在粉丝数据方面，新媒体运营者需要分析粉丝量、粉丝变化、粉丝画像、粉丝来源等，如图7-16所示。

1）粉丝量是指粉丝数量，抖音账号的粉丝量会直接影响抖音账号的内容传播影响力与商业价值。

2）粉丝变化是指一段时间内账号粉丝的增长数、取关数、回访数等，可能是正增长，也可能是负增长。当账号粉丝增长趋势是正增长时，新媒体运营者应该总结账号的优势，并将账号优势保持下去。当账号粉丝增长趋势出现负增长趋势时，新媒体运营者要认真分析原因，是否是视频更新频率过低、作品内容风格发生变化等。

3）粉丝画像是指对账号粉丝群体的详细分析，主要可以通过粉丝的性别、年龄、地域分布等因素去分析。通过对粉丝群体的详细分析，新媒体运营者可以更加充分地了解粉丝的情况与需求，根据相关数据进行运营方向的调整，提高视频的点击率和关注率，增加账号的变现机会。

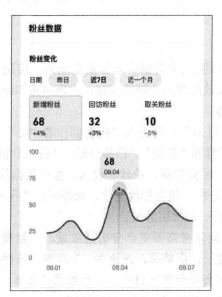

图7-16　"抖音"平台粉丝数据页面

例如，若是对账号的粉丝群体进行详细分析，会发现账号粉丝多为10—30岁的一、二线城市女性用户，对美妆、美食和生活家居等内容感兴趣，通常在晚上 7—9 点较为活跃，那么新媒体运营者可以将视频发布时间调整到晚上 6—8 点，并且多创作与美妆、美食和生活家居相关的视频，还可以尝试进行相关产品带货，激发粉丝的购买潜力。

（3）直播数据　在直播数据方面，运营者可以看到前 7 天和前 30 天的直播观看人数、开播时长、新增粉丝、收获音浪（直播送礼数据）、点赞次数、评论人数、送礼人数、送礼观众来源、会员收入、装扮推广。新媒体运营者还可以看到粉丝变化趋势（统计账号维度的粉丝累计数据及粉丝的增长流失趋势）和粉丝画像（包含粉丝用户的活跃时间段、粉丝的视频内容消费兴趣标签、粉丝的性别、年龄、地域分布数据），如图 7-17 所示。新媒体运营者通过这些指标可以更全面了解账号的直播运营情况。

图 7-17　抖音平台直播数据页面

（二）微信公众号平台案例

1. "十点读书"微信公众号运营案例

"十点读书"是厦门十点文化传播有限公司在 2010 年年底创办的读书分享型自媒体。它通过微信公众号平台运用图文、社群等多种形态将原创内容产品传递给用户。从数据看来，"十点读书"微信公众号订阅人数已过半亿，平均每天总阅读数超过 30 万，平均每篇文章阅读量大约超过 6 万，如图 7-18 所示。

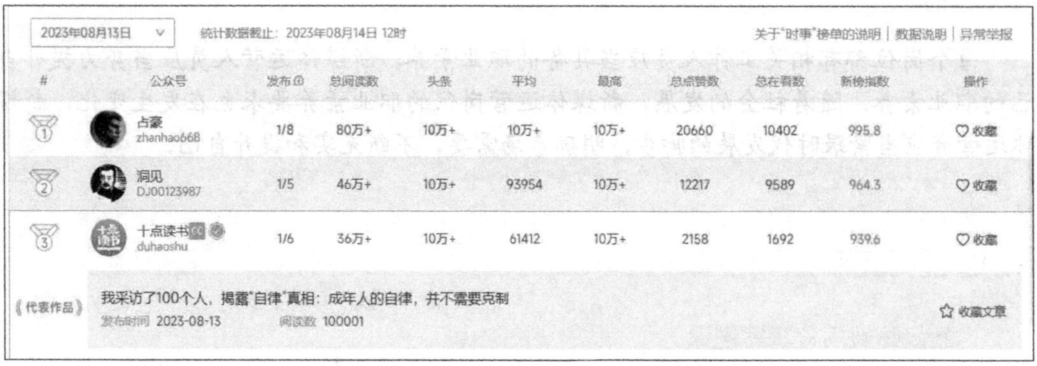

#	公众号	发布①	总阅读数	头条	平均	最高	总点赞数	总在看数	新榜指数	操作
①	占豪 zhanhao668	1/8	80万+	10万+	10万+	10万+	20660	10402	995.8	♡收藏
②	洞见 DJ00123987	1/5	46万+	10万+	93954	10万+	12217	9589	964.3	♡收藏
③	十点读书 duhaoshu	1/6	36万+	10万+	61412	10万+	2158	1692	939.6	♡收藏

统计数据截止：2023年08月14日 12时　2023年08月13日　关于"时事"榜单的说明 | 数据说明 | 异常举报

《代表作品》 我采访了100个人，揭露"自律"真相：成年人的自律，并不需要克制　发布时间 2023-08-13　阅读数 100001　☆收藏文章

图 7-18　"十点读书"微信公众号相关数据

"十点读书"微信公众号每日推送文章是依据用户数据分析，从用户人群分类和用户特点需求来选取。从精选几篇文章中挑出一篇最具话题性的、文字风格鲜明的作为当日头条。其余按比例分配 1—2 篇情感励志暖文、实用性文章。每天 1—2 篇原创文章，保证公众号的原创比例。

微信平台数据显示晚上 9—11 点是 APP 使用高峰期。"十点读书"微信公众号选在此时推送温暖励志的文字，迎合读者的使用习惯和使用心理。

"十点读书"通过分析粉丝群体及其用户数据，发现女性读者较多，且阅读爱好特点较相似，因此推出了自己的另一个微信公众号——"她读"。"她读"不仅推送小清新、治愈类的文章，还有女性读者比较喜爱的美妆时尚类资讯。

"十点读书"借助自身后台强大的数据处理能力，不断尝试开拓新的业务。"十点读书"并不将自己局限于一个微信公众号，而是借助粉丝量飞速增长的态势乘胜追击，将自己从一个公众号逐渐扩展为一个平台。

2. 微信公众号平台相关数据

以微信公众号作为新媒体的主要平台，可以更加方便地进行数据获取与分析。通过微信公众号后台的"统计"功能，运营者可以进行用户分析、内容分析、菜单分析、消息分析、接口分析和网页分析 6 种类型的数据分析。以下简单介绍三种常用类型。

（1）用户分析　用户分析包括用户增长和用户属性两个方面的内容分析。用户增长是对新增人数、取消关注人数、净增人数、累积人数的统计与分析，运营人员可以通过这些数据分析公众号的粉丝变化情况。用户属性分析主要是对用户的性别、职业、省份、城市、使用终端等数据的分析。

（2）内容分析　单击"群发分析"下方的"单篇群发"按钮，"单篇图文"统计页面，看到内容标题、时间、送达人数、阅读人数、分享人数、原文页阅读人数、转发人数。从送达人数到阅读人数，再到分享人数，体现出来的传播效率和传播深度是越来越广、越来越深的。

（3）消息分析　从用户发来的消息中可以看出用户的直接需求。"消息分析"，可以看到以下两部分内容，消息分析和消息关键词。在"消息分析"功能项中，可以看到"小时报""日报""周报""月报"这 4 部分内容。如通过"小时报"的数据，可以看到 3 个关键指标是"消息发送人数""消息发送次数""人均发送次数"的趋势图。

素养小课堂

每个岗位都有相关工作人员应当具备的职业素养，新媒体运营人员应当努力提升自己的职业素养。随着社会的发展，新媒体运营岗位的职业素养要求也在发生变化，新媒体运营者应当紧跟时代发展的脚步，明确市场需要，不断充实和提升自己。

任务实施

1. 新媒体数据分析案例课

A 企业是一家销售女装的工厂店，直播数据如图 7-19 所示，根据表 7-8 的内容分析该企业新媒体运营情况，试写出运营方案。

任务步骤 ⊙

步骤 1：认真观察图中各项数据，分析该企业运营现状，填入表 7-8 中。

步骤 2：结合企业运营现状，写出运营方案，填入表 7-8 中。

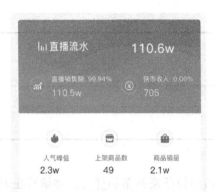

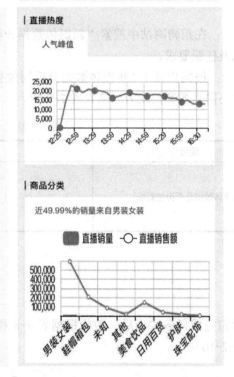

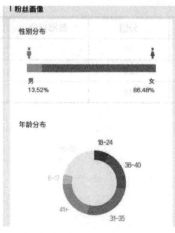

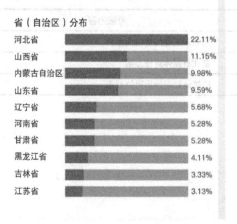

图 7-19　某企业直播数据图

表 7–8 某企业新媒体平台直播案例分析

企业新媒体运营情况分析	
企业新媒体运营方案	

2. 新媒体数据分析岗位要求

搜索"新媒体数据分析岗位"要求，写出该岗位所需具备的能力，并填写在表 7-9 中。

任务步骤 ⊙

步骤 1：在招聘网站中搜索"新媒体数据分析岗位"，查看搜索结果中对该岗位职责的描述，以及任职要求。

步骤 2：根据步骤 1 "新媒体数据分析岗位要求"，结合新媒体未来发展方向，深入思考该岗位还需具备哪些能力，填入表 7-9 中。

表 7–9 新媒体数据分析岗位要求表

项目	具体内容
新媒体数据分析岗位要求	

 任务考核

同学们完成任务实训后，教师根据表 7-8 和表 7-9 填写的情况打分并点评，相关内容填写在表 7-10 中。

表 7–10 任务考核表

序号	考核内容	分值	教师打分	教师点评
1	企业新媒体运营情况分析	30		
2	企业新媒体运营方案	30		
3	新媒体数据分析岗位要求	40		

参 考 文 献

[1] 王珊, 萨师煊. 数据库系统概论 [M]. 5 版. 北京: 高等教育出版社, 2014.

[2] 陶皖. 云计算与大数据 [M]. 西安: 西安电子科技大学出版社, 2017.

[3] 勾俊伟, 哈默, 谢雄. 新媒体数据分析: 概念、工具、方法 [M]. 北京: 人民邮电出版社, 2017.

[4] 陈友洋. 数据分析方法论和业务实战 [M]. 北京: 电子工业出版社, 2022.

[5] 肖睿, 王涛. 深入浅出 SEM 数据分析: 数据的力量助推搜索引擎营销 [M]. 北京: 人民邮电出版社,
     2018.

[6] 王力建. 新媒体和电商数据化运营: 用户画像 + 爆款打造 + 营销分析 + 利润提升 [M]. 2 版. 北京:
     清华大学出版社, 2022.

[7] 叶龙. 微信公众号运营: 粉丝及平台数据分析和营销 [M]. 北京: 清华大学出版社, 2017.

[8] IMS (天下秀) 新媒体商业集团. 新媒体用户分析与运营 [M]. 北京: 清华大学出版社, 2022.

[9] 赵轶. 新媒体营销与策划 [M]. 北京: 人民邮电出版社, 2020.

[10] 刘望海, 杜志琴, 夏收. 新媒体营销与运营: 从入门到精通 (微课版) [M]. 北京: 人民邮电出版社,
     2018.